U0856666

本书是以下项目的阶段性成果：

1. 教育部人文社会科学重点研究基地重庆工商大学长江上游经济研究中心
2. “三峡库区百万移民安稳致富国家战略”服务国家特殊需求博士人才培养项目
3. 教育部人文社会科学研究专项任务项目（中国特色社会主义理论体系研究）“基于马克思分工理论的新时代合理有序收入分配格局研究”（19JD710015）
4. 长江上游经济研究中心2017年度科研(智库)团队项目（CJSYTD201707）

Zhongguotese Shehuizhuyi Gongxiang Fazhan zhi Lu:

Cong Liyi Gongxiang Dao Jingji Fazhan

中国特色社会主义共享发展之路：

从利益共享到经济发展

易淼 著

中国财经出版传媒集团
经济科学出版社
Economic Science Press

图书在版编目（CIP）数据

中国特色社会主义共享发展之路：从利益共享到经济发展／易森著．—北京：经济科学出版社，2020.4
ISBN 978－7－5218－1481－1

Ⅰ.①中…　Ⅱ.①易…　Ⅲ.①中国特色社会主义－社会主义建设模式－研究　Ⅳ.①D616

中国版本图书馆CIP数据核字（2020）第060403号

责任编辑：周胜婷
责任校对：隗立娜
责任印制：邱　天

中国特色社会主义共享发展之路：从利益共享到经济发展
易　森　著
经济科学出版社出版、发行　新华书店经销
社址：北京市海淀区阜成路甲28号　邮编：100142
总编部电话：010－88191217　发行部电话：010－88191522
网址：www.esp.com.cn
电子邮箱：esp@esp.com.cn
天猫网店：经济科学出版社旗舰店
网址：http：//jjkxcbs.tmall.com
固安华明印业有限公司印装
710×1000　16开　11.5印张　200000字
2020年5月第1版　2020年5月第1次印刷
ISBN 978－7－5218－1481－1　定价：68.00元
（图书出现印装问题，本社负责调换。电话：010－88191510）

用马克思主义的科学方法指导新时代发展实践

马克思主义为中国革命、建设、改革提供了强大思想武器，使中国创造了人类历史上前所未有的发展奇迹。当前，新时代发展实践仍然离不开马克思主义的科学指导。我们仍然要学习和实践马克思主义，不断从中汲取科学智慧和理论力量。在马克思主义的理论体系中，利益分析方法是进行经济社会分析的科学方法。马克思主义利益分析方法能够帮助我们更好地理解新时代社会主要矛盾的深刻变化，更好地把握新发展理念的问题导向，更好地领会现代化经济体系建设的发展内涵，从而对新时代发展实践具有重要的指导意义。

一、用马克思主义利益分析方法理解新时代社会主要矛盾的深刻变化

经过长期努力，中国特色社会主义已经进入新时代。作为新时代中国特色社会主义的深刻变化，我国社会主要矛盾已经从人民日益增长的物质文化需要同落后的社会生产之间的矛盾，转化为人民日益增长的美好生活需要和不平衡不充分的发展之间的矛盾。改革开放开启的一系列改革，正是通过重大利益关系的调整，实现利益格局再平衡，从而释放全社会压抑已久的利益创造动力。在此基础上，社会生产力水平总体上显著提高，并不断满足人民群众日益增长的物质文化需要，使得利益享有与利益创造之间的总量性矛盾逐渐消弭。随着中国特色社会主义进入新的历史时期，人民群众不仅对物质文化层面的利益实现提出了更高要求，而且在民主、法治、公平、正义、安

全、环境等方面的利益诉求也日益强烈，汇集成为日益增长的美好生活需要。经济旧常态下的发展，虽然在很大程度上消弭了利益享有与利益创造之间的总量性矛盾，但是由于发展的不平衡不充分，又使得利益享有与利益创造之间结构性矛盾不断激化，着力破解新时代我国社会主要矛盾，要求我们直面不平衡不充分发展问题，通过新一轮重大利益关系调整消弭利益结构性矛盾，实现利益格局新的均衡。只有这样，社会主义共同利益才能得到更加有效的强化，人民群众的切身利益才能得到更加全面的实现，利益享有与利益创造才能得到更高水平的统一。

二、用马克思主义利益分析方法把握新发展理念的问题导向

习近平同志指出，当前改革发展稳定任务之重、矛盾风险挑战之多、治国理政考验之大都是前所未有的①。按照马克思主义利益分析方法，这些任务、挑战和考验，集中表现为不平衡不充分发展问题，深层反映着新的历史时期利益结构性矛盾。作为利益结构性矛盾的具体展开，既得利益与预期利益之间、短期利益与长远利益之间、局部利益与整体利益之间、内部利益与外部利益之间以及独占利益与共享利益之间的矛盾加剧和关系失衡，使得不平衡不充分发展问题在各个层面具体表现出来，构成新时代发展面临的重大问题集。“创新、协调、绿色、开放、共享”的新发展理念，直面新时代发展的重大问题集。因此，新发展理念积极引领新时代发展实现新的飞跃，凸显了鲜明的问题导向。

三、用马克思主义利益分析方法领会现代经济体系建设的发展内涵

中国经济已经从高速增长阶段转向高质量发展阶段，正处在转变发展方式、优化经济结构和转换增长动力的攻关期。在此历史关口，党中央着眼于实现“两个一百年”奋斗目标和顺应中国特色社会主义进入新时代的新要求，做出了建设现代化经济体系的重大决策部署。在马克思主义利益分析的视域

① http://theory.people.com.cn/n1/2018/0824/c40531-30247924.html.

下，现代化经济体系是由社会经济活动各个环节、各个层面、各个领域的相互关系和内在联系构成的一个有机整体，为整个利益关系格局的良性演进奠定重要的物质条件。现代化经济体系建设通过经济体系的整体跃升，牵引利益关系格局进行重大调整和深刻变革，在不断消弭利益结构性矛盾的过程中破除制约新时代发展的藩篱。因此，现代化经济体系建设着力解决科技创新不足、协调统筹不够、生态保护不力、内外联动不强、社会分配不公等发展问题，为全面贯彻落实新发展理念提供重要支撑和物质基础。

目　　录

第1章　导　　论

“创新、协调、绿色、开放、共享”新发展理念，反映了新时期我们党对经济社会发展规律的新认识，是中国特色社会主义政治经济学的重要拓展。从中国特色社会主义政治经济学的理论视域来看，新发展理念体现了中国特色社会主义政治经济学的重大原则，凸显了中国特色社会主义政治经济学的现实指导意义，遵循了中国特色社会主义政治经济学视域下的改革逻辑。其中，共享发展理念又是新发展理念的最终落脚点，因此在整个中国特色社会主义政治经济学理论体系中占据显要的理论方位。借助中国特色社会主义政治经济学利益分析方法可以发现，经济的旧常态发展导致新的利益结构性矛盾形成，是新时代我国社会主要矛盾转变的内在动因，共享发展是破解新时代利益结构性矛盾的必然要求。由此可见，共享发展理念是破解新时代我国社会主要矛盾的理论重器，共享发展是决胜全面建成小康社会，夺取新时代中国特色社会主义伟大胜利，实现中华民族伟大复兴的中国梦的必由路径。

1.1　研究目的

改革开放以来，从发展就是硬道理，到发展是第一要务，到科学发展观，到“五位一体”总体布局，是我们党对经济社会发展规律认识不断深入的体现。在当前经济发展新常态和重要战略机遇期新阶段的历史关口，党的十八届五中全会提出了“创新、协调、绿色、开放、共享”新发展理念。新发展理念的提出，是中国特色社会主义政治经济学的重要拓展。其中，共享发展理念又是新发展理念的最终落脚点。党的十八届五中全会强调，坚持共享发展，必须坚持发展为了人民、发展依靠人民、发展成果由人民共享，做出更有效的制度安排，使全体人民在共建共享发展中有更多获得感，增强发展动力，增进人民团结，朝着共同富裕方向稳步前进。在此背景下，本书试图借助中国特色社会主义政治经济学利益分析方法，通过理论研究和经验研究相结合、整体分析与案例分析相结合，并贯穿运用矛盾分析法，以之把握和分析当前共享发展态势，积极探索从利益共享到经济发展的可行路径，试图为推进新时代中国特色社会主义共享发展提供理论支持和决策建议。

1.2 研究内容

本书选题紧扣前沿理论问题，从利益视角切入，深入探讨作为新发展理念落脚点的共享发展理念。首先，将相关分析扎根于中国特色社会主义政治经济学的理论基础之上。进而，基于中国特色社会主义政治经济学利益分析方法，系统地进行共享发展理念的理论方位与现实叩问，并探讨推进共享发展理念的工作基调和战略支撑。在此基础上，结合马克思主义“生产力—生产关系（经济基础）—上层建筑”的历史唯物主义逻辑，从生产力、生产关系和上层建筑三个层面探索推进共享发展的系统路径。最后，探讨推进共享发展的制度供给。依据这一逻辑思路，本书共分为10章。

第1章为导论。本章陈述研究目的，确定本书的研究内容和逻辑结构，介绍本书的研究方法等。

第2章对本书研究的理论基础进行阐述。本章结合以习近平同志为核心的党中央提出的坚持和发展中国特色社会主义政治经济学的重大历史任务，阐述中国特色社会主义政治经济学利益分析方法；具体阐述中国特色社会主义政治经济学的出场和中国特色社会主义政治经济学利益分析方法的流变，进而对中国特色社会主义政治经济学利益分析方法进行具体拓展，论述基于利益分析方法的“利益—发展”常态变迁规律、“分工—利益—分配”逻辑以及“利益—发展”协同优化思路；在此基础上，指出中国特色社会主义政治经济学利益分析方法为我们提供了把握共享发展新理念的有效途径。

第3章是共享发展理念的理论方位研究。本章首先阐述“创新、协调、绿色、开放、共享”新发展理念反映了新时期党对经济社会发展规律的新认识，是中国特色社会主义政治经济学的重要拓展；进而，论述共享发展理念是新发展理念的最终落脚点，在整个中国特色社会主义政治经济学理论体系中占据重要的理论方位；最后，强调在深化改革中应坚持以人民利益为中心，更好地实现各利益群体之间的利益共创共享，不断消弭利益创造与利益享有的结构性矛盾，不断实现利益格局新的均衡，这是新时代下共享发展理念的使命担当。

第4章是共享发展理念的现实背景研究。本章结合新常态的重要论断，阐述中国经济发展的常态变迁，并指出，中国经济发展旧常态背后的利益格局反常态，主要表现在科技创新不足、协调统筹不够、生态保护不力、内外联动不强、社会分配不公等问题；在此基础上，深入剖析共享发展理念所面对的利益问题，强调利益共享困局已经成为利益格局反常态的最集中体现，具体表现为利益分化造成的利益差距过大、利益固化造成的利益流动受阻、利益错位造成的利益关系失衡。

第5章是推进共享发展的工作基调研究。本章强调“稳中求进”是推进新时代共享发展的工作基调。阐述“稳中求进”强调的是“利益”与“发展”之间，以及深层的生产力与生产关系之间的辩证统一，是在利益关系新平稳中获取经济发展新进步。因此，推进共享发展要紧扣“稳中求进”的工作总基调，处理好利益稳定与经济发展之间的关系，在“利益—发展”协同优化中稳步推进共享发展。最后，剖析法国“黄背心”运动的教训，以之为鉴，反思当代资本主义“稳”“进”双重危机。

第6章对推进共享发展的战略支撑进行研究。本章阐述，建设现代化经济体系是适应新时代、新要求的重大决策部署，是我国发展的战略目标，也是转变经济发展方式、优化经济结构、转换经济增长动力的迫切要求；进而，结合现代化经济体系建设背景，基于利益分析方法的“分工—利益—分配”逻辑，对现代化经济体系内部子体系建设展开系统分析，并结合共享发展理念探讨新时代收入分配体系建设；在此基础上，强调只有在现代化经济体系建设中推动“分工—利益—分配”整体演进，才能消除当前中国收入分配失衡问题的深层病灶，从而推进新时代合理有序收入分配体系建设。

第7章从生产力角度讨论推进共享发展的系统路径。本章阐述，社会主义初级阶段仍然面临着技术创新与共享发展的矛盾，并指出，社会主义初级阶段客观存在的技术创新与共享发展的矛盾，使得社会主义劳动生产场域、商品消费、精神生活等关联场域内部利益关系矛盾生成并激化，势必阻碍新时代中国特色社会主义事业的蓬勃发展；在此基础上，论证新时代中国特色社会主义亟须实现技术创新与利益共享的统一，充分利用新科技革命带来的巨大生产力，使得生产力发展能够充分惠及社会主义全体人民，从而使得新科技革命充分助推新时代中国特色社会主义共享发展。

第8章从生产关系角度讨论推进共享发展的系统路径。本章阐述，在生产关系层面，劳资利益失衡的现实困境已经在劳动报酬、劳动时间和劳动强度等方面充分显现，成为当前共享发展面临的最严峻挑战；进而，结合宏观维度的国民经济所有制结构变迁、中观维度的产业结构变迁、微观维度的企业组织结构变迁，从宏观、中观与微观三个维度探析我国劳资利益失衡的形成逻辑；在此基础上，论述当前推进共享发展的切入点和突破口，是对劳资利益失衡的现实困境予以突围。具体而言，应通过宏观、中观与微观三个维度的结构性调整对劳资利益失衡进行系统纠偏，以推进共享发展。

第9章从上层建筑角度讨论推进共享发展的系统路径。本章阐述，随着历史实践的发展，基层党建的经济功能逐渐嬗变为中国特色社会主义政治经济学的重要底色。在中国特色社会主义市场经济中，基层党建的经济功能发挥体现的并非西方传统的“政府—市场”分析逻辑，而是中国特色社会主义政治经济学的“党政—市场”分析逻辑；提升基层党建的经济功能，以促进作为新发展理念落脚点的共享发展理念扎根基层，是新时代全面深化改革的一项基础工作和重要任务。具体而言，新时代的基层党建应紧扣国有经济、集体经济以及非公经济三大领域，积极发挥自身经济功能，提升利益创造和利益享有水平，不断推进共享发展理念的基层践行。

第10章是推进共享发展的制度供给研究。本章阐述，纠偏利益失衡和推进共享发展都离不开社会主义初级阶段基本经济制度的制度前设；同时指出，以深化改革为动力，以民生改善为导向，以利益均衡为目标的主动干预，是纠偏当前利益失衡的基本路径；进而论述，实现利益协调机制的新供给，应紧密围绕党中央推进供给侧结构性改革这一重大决策部署。在此基础上，强调供给侧结构性改革的重点和难点是制度供给，而“新的应对机制”供给又是制度供给中的具体内容。具体而言，要紧扣国有企业改革，加快政府职能转变，深化价格、财税、金融、社保等领域基础性改革，以实现利益协调机制的新供给。

本书的基本逻辑结构如图 1.1 所示：

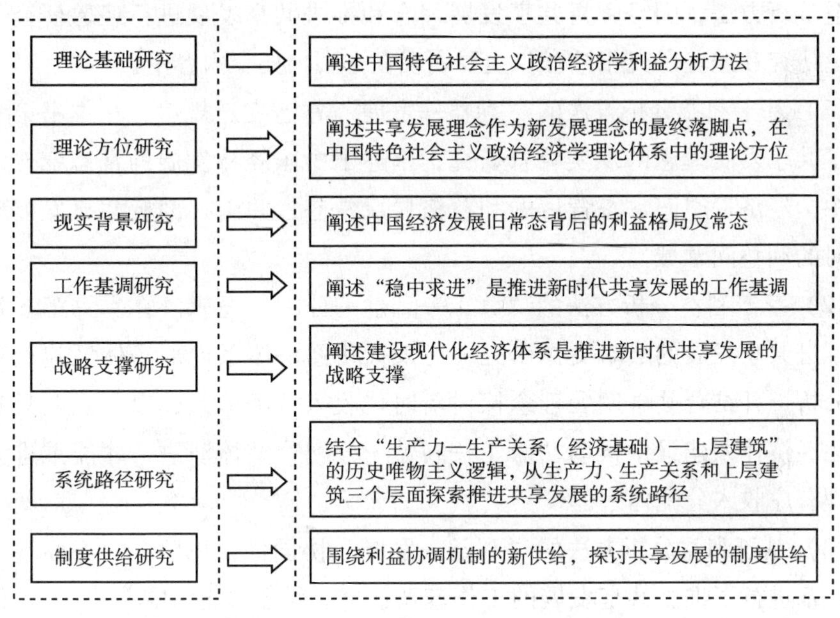

图 1.1　本书的逻辑结构

1.3　主要研究方法

本书以辩证唯物主义和历史唯物主义为研究的根本指导思想。与此同时，推进新时代共享发展是一项系统工程，必须在研究中采取各类方法，要做到理论研究和经验研究相结合、整体分析与案例分析相结合，并将矛盾分析法贯穿其中。

1. 理论研究和经验研究相结合

本书结合中国特色社会主义政治经济学的出场和中国特色社会主义政治经济学利益分析方法的流变，对中国特色社会主义政治经济学利益分析方法进行具体拓展，形成了展开研究的理论框架，主要包括基于利益分析方法的“利益—发展”常态变迁规律、“分工—利益—分配”逻辑以及“利益—发展”协同优化思路。在此基础上，本书紧密结合中国特色社会主义政治经济学利益分析方法，围绕阐析共享发展理念和推进共享发展进行经验研究。这种理论研究和经验研究相结合，主要表现在本书的如下内容中：

（1）基于利益分析方法的“利益—发展”常态变迁规律。在本书第4章进行了共享发展理念的现实背景研究，阐述了中国经济发展的常态变迁，探讨了中国经济发展旧常态背后的利益格局反常态，并深入剖析共享发展理念所面对的利益问题域。

（2）基于利益分析方法的“分工—利益—分配”逻辑。在本书第6章进行了推进共享发展的战略支撑研究，对现代化经济体系内部子体系建设展开系统分析，并结合共享发展理念探讨新时代收入分配体系建设，强调只有在现代化经济体系建设中推动“分工—利益—分配”整体演进，才能推进新时代合理有序收入分配体系建设。

（3）基于利益分析方法的“利益—发展”协同优化思路。一方面在本书的第5章进行了推进共享发展的工作基调研究，结合“稳中求进”的工作总基调，强调处理好利益稳定与经济发展之间的关系，在利益关系新平稳中获取经济发展新进步，从而在“利益—发展”协同优化中稳步推进共享发展；另一方面在本书的第7~9章进行了推进共享发展的系统路径研究，结合“生产力—生产关系（经济基础）—上层建筑”的历史唯物主义逻辑，从生产力、生产关系和上层建筑三个层面探索推进共享发展的系统路径。

2. 整体分析和案例分析相结合

在本书研究中，整体分析和案例分析之间紧密结合、互为补充。具体而言，整体分析和案例分析相结合主要体现在如下几个方面：一是在第4章进行共享发展理念的现实背景研究时，结合新常态的重要论断阐述了中国经济发展的常态变迁，以及中国经济发展旧常态背后的利益格局反常态。与此同时，在整体分析的基础上，基于利益共享视域对长江经济带高质量发展进行了案例分析。二是在第5章进行推进共享发展的工作基调研究时，论述了“稳中求进”是推进新时代共享发展的工作基调，强调处理好利益稳定与经济发展之间的关系，在“利益—发展”协同优化中稳步推进共享发展。与此同时，在整体分析的基础上，对法国“黄背心”运动进行案例分析，以之反思当代资本主义“稳”“进”双重危机。三是在第9章进行推进共享发展的系统路径研究时，阐述了新时代的基层党建应紧扣国有经济、集体经济以及非公经济三大领域，积极发挥自身经济功能，提升利益创造和利益享有水平，不断推进共享发展理念的基层践行。与此同时，在整体分析的基础上，结合三大领域以基层党建助推共享发展的典型例证，对共享发展理念的基层践行展开案例分析。

3. *矛盾分析法*

正如列宁所说的，“辩证法就是研究对象的本质自身中的矛盾”，矛盾分析“是辩证法的实质”①。中国特色社会主义政治经济学利益分析方法立足于辩证唯物主义和历史唯物主义，使得矛盾分析贯穿于方法运用中。具体而言，本书多处运用了矛盾分析。比如，在本书第4章进行的共享发展理念的现实背景研究，体现了经济发展常态与深层的利益格局常态之间的矛盾分析，以及利益格局内部的矛盾分析。再比如，在进行推进共享发展的系统路径研究时，对社会主义初级阶段仍然面临的技术创新与共享发展的矛盾关系展开分析，并对深层的社会主义劳动生产场域、商品消费、精神生活等关联场域内部利益关系矛盾展开分析；对社会主义劳资利益关系矛盾展开分析，并从宏观、中观与微观三个维度探析我国劳资利益失衡的形成逻辑；紧扣经济基础与上层建筑之间的矛盾关系，探讨基层党建的经济功能，并提出中国特色社会主义政治经济学的“党政—市场”分析逻辑，等等。这些都显著体现了本书在研究中对矛盾分析法的具体运用。

---

① 列宁全集（第55卷）［M］. 北京：人民出版社，1990：213.

第2章　本书研究的理论基础：中国特色社会主义政治经济学利益分析方法

近年来，面对我国经济发展进入新常态、国际发展环境深刻变化的新形势，以习近平同志为核心的党中央提出了坚持和发展中国特色社会主义政治经济学的重大历史任务。通过研究和探索，加强对规律性认识的总结，以之形成中国特色社会主义政治经济学特有的研究方法，是完成这一历史重任的肯綮所在。作为中国特色社会主义政治经济学研究方法的重要组成，中国特色社会主义政治经济学利益分析方法在中国社会主义经济建设实践中的不断丰富和发展，为我们提供了把握共享发展新理念的有效途径。

2.1　中国特色社会主义政治经济学利益分析方法的基本演进

2.1.1　中国特色社会主义政治经济学的出场

马克思主义的开放性和实践性，决定了马克思主义是不断运动和发展的。因此，马克思主义不是永恒不变的“在场”，而是在时空差异的语境中不断重新“出场”的创新体系①。作为马克思主义的三大组成部分之一，马克思主

① 任平．论马克思主义出场学的辩证视域［J］．马克思主义研究，2012（5）：69－75，146.

义政治经济学也呈现出不断重新“出场”的发展历程。这正如恩格斯深刻指出的，“政治经济学不可能对一切国家和一切历史时代都是一样的”，因为“人们在生产和交换时所处的条件，各个国家各不相同，而在每一个国家里，各个世代又各不相同”。由此可见，马克思主义政治经济学“本质上是一门历史的科学”，“所涉及的是历史性的即经常变化的材料”，并且“首先研究生产和交换的每个个别发展阶段的特殊规律”①。

按照社会发展的一般规律，人类社会不断从低级向高级发展。相较资本主义社会等阶级社会而言，社会主义社会是更高的社会发展阶段。与马克思关于社会主义革命应在发达资本主义国家发生这一预见不同的是，在 20 世纪初期和中期，包括我国在内的一些经济文化相对落后国家取得社会主义革命的成功，率先进入社会主义。在这些国家，“由于各种情况的特殊凑合”②，各自不同的历史条件为马克思主义政治经济学本土化与时代化提供了历史空间，构成了马克思主义政治经济学不断重新“出场”的特定“场域”。对于社会主义中国而言，基本国情和最大实际是我国处于并将长期处于社会主义初级阶段。可以说，社会主义初级阶段的客观现实，构成了马克思主义政治经济学中国化和当代化的历史场域，从而使得中国特色社会主义政治经济学得以孕育出场。

作为马克思主义政治经济学的一次重新出场，中国特色社会主义政治经济学被赋予鲜明的规定性，具体而言：一方面，重新出场体现着对马克思主义政治经济学的继承，即中国特色社会主义政治经济学继承了马克思主义政治经济学的理论内核，以及适用于生产一般和交换一般的普遍性规律；另一方面，重新出场体现着对马克思主义政治经济学的发展，即中国特色社会主义政治经济学是马克思主义政治经济学中国化和当代化的理论创新，凸显着地域性、民族性和时代性，其实质是服务于中国社会主义初级阶段经济建设和社会发展的政治经济学。

---

①　恩格斯．反杜林论［M］. 北京：人民出版社，1999：152.

②　马克思恩格斯全集（第 19 卷）［M］. 北京：人民出版社，1963：431.

2.1.2 中国特色社会主义政治经济学利益分析方法的流变

在社会主义初级阶段，生产力发展状况决定了对物的依赖关系和非自愿分工依旧存在，使得利益矛盾客观存在于我国经济社会的各个方面。这就决定了利益分析方法具有不可或缺的作用，在整个中国特色社会主义政治经济学研究方法中占据重要地位。与此同时，如恩格斯所说，“每一个社会的经济关系，首先是作为利益表现出来”[①]。社会主义初级阶段的经济关系以及相应的经济制度、经济体制、经济运行机制，决定了社会主义初级阶段特殊的利益关系格局和利益问题集束。在此背景下，中国特色社会主义政治经济学利益分析方法充分吸纳了中国特色社会主义政治经济学的规定性内涵，在对马克思利益分析方法的继承与发展中呈现出当代流变。

1. 马克思利益分析方法的基本内涵

回顾马克思利益分析方法的形成路径可知，马克思担任《莱茵报》主编时，曾经“遇到了要对物质利益发表意见的难事”，这成为他“去研究经济问题的最初动因”[②]。马克思的利益思想也由此发轫，引导马克思走出黑格尔唯心主义的迷境。在此过程中，马克思获取了鲜明的利益取向和阶级立场，坚定地捍卫无产阶级利益，拒绝成为一名“无社会依附的知识分子”[③]。在马克思看来，利益是一个关系范畴，其本质是一种以人的需要为前提，在实践中形成的体现人际间矛盾对立统一的社会关系。在此基础上，马克思对阶级社会展开一系列利益分析，其利益分析方法也逐渐呈现出如下基本内涵：

（1）利益分析从物质利益、经济利益出发，并聚焦在阶级利益。在阶级社会，生产资料私有制决定了各阶级之间存在着经济利益的根本冲突，使得对抗性的阶级利益关系成为阶级社会利益关系的中枢。阶级分析，在根本上是阶级利益分析。于是，阶级利益分析成为马克思批判阶级社会特别是资本

---

① 马克思恩格斯全集（第 18 卷）［M］. 北京：人民出版社，1964：307.

② 马克思恩格斯全集（第 13 卷）［M］. 北京：人民出版社，1962：7.

③ 曼海姆. 意识形态与乌托邦［M］. 北京：商务印书馆，2000：158.

主义社会的基本方法。

（2）利益分析突出“共同利益—特殊利益”分析，并刺破阶级社会“共同利益”的虚幻面纱。“共同利益—特殊利益”分析，是马克思展开利益分析的主轴。而且，在私有制下的阶级社会，人的阶级性和阶级利益的不可调和性，决定了所谓的“共同利益”不过是统治阶级编织的虚幻面纱，不过是用来更好地奴役处于被统治地位的民众。

（3）利益分析不是孤立的方法，而是内嵌于“生产力—生产关系”分析框架中。利益是社会经济关系的反映，决定了利益关系演变内生于生产力与生产关系的矛盾运动，这就使得利益分析内嵌于“生产力—生产关系”分析框架中，成为把握社会发展内在规律性的有效工具①。

2. 中国特色社会主义政治经济学利益分析方法的基本内涵

面对社会主义初级阶段特殊的利益关系格局和利益问题集束，中国特色社会主义政治经济学利益分析方法在继承与发展马克思利益分析方法的过程中呈现出当代流变，并体现出一般性和特殊性的内在统一。一方面，作为一般性的体现，中国特色社会主义政治经济学利益分析方法继承了马克思利益分析方法的诸多内涵，包括利益分析从物质利益、经济利益出发，突出“共同利益—特殊利益”分析，并内嵌于“生产力—生产关系”分析框架中；另一方面，相较马克思利益分析方法，中国特色社会主义政治经济学利益分析方法又在流变中获得其特殊内涵。

（1）利益分析的聚焦点不再是阶级利益，而是群体利益。在社会主义初级阶段，阶级利益分析的适用范围已经大幅限缩。与此同时，对物的依赖关系和非自愿分工的客观存在，又使得社会主义初级阶段社会各成员结集成为不同的利益群体。根据在社会主义经济关系中承担的角色不同，社会各成员被归属为不同的利益群体，比如城市工人群体、农村农民群体、个体户群体、农民工群体、知识分子群体以及困难群体等。而且，在社会主义制度下，这些利益群体之间的矛盾具有非对抗性特征。因此，聚焦于利益群体展开的利益分析，即利益群体分析，成为中国特色社会主义政治经济学利益分析的基本方法。

---

① 易森，任毅. 经济利益关系失衡：理论与现实［M］. 北京：经济科学出版社，2015：70－88.

（2）利益分析基于“以人民为中心”的人民利益观，将社会主义共同利益落实在人民利益之上。社会主义制度下各利益群体之间虽然存在着利益矛盾，但是这类矛盾主要表现为非对抗性的人民内部矛盾。“以人民为中心”的人民利益观，着重强调社会主义共同利益的主体是人民群众，最基本内容是民生保障，最高实现形式是共同富裕。因此，针对社会主义初级阶段特殊的利益关系格局和利益问题集束展开利益分析，必须始终将社会主义共同利益放在“重心”位置，将人民群众利益放在“中心”位置。易言之，要坚守更好维护社会主义共同利益和人民群众利益的利益取向来展开利益分析。

（3）利益分析紧扣“稳中求进”的改革战略，具有鲜明的建设性。在社会主义初级阶段，“稳中求进”的改革战略突出的是“改”“进”“稳”，强调的是改革、发展、稳定三者的统一[①]。利益分析的目的，就是要在特定的利益格局背景下，更好地实现改革、发展、稳定三者的统一。改革，指向的是一系列重大利益关系进行必要调整；发展，指向的是利益关系及其格局的良性演进；稳定，指向的是在利益关系调整和演进中实现新的稳态。因此，“改革—发展—稳定”是一个彼此高度关联、动态演进的过程，本质是不断调整生产关系以适应社会生产力发展，在利益关系变革中实现利益格局稳态跃升的过程。

2.2 中国特色社会主义政治经济学利益分析方法的具体拓展

2.2.1 “利益—发展”常态变迁规律

1. 历史唯物主义的“常态”辨思

2014年5月，习近平同志在河南考察时指出，“我国发展仍处于重要战略机遇期，我们要增强信心，从当前我国经济发展的阶段性特征出发，适应新

① 刘国光．改革稳定发展：稳中求进的改革与发展战略［M］．北京：经济管理出版社，1991：189－194.

常态，保持战略上的平常心态。在战术上要高度重视和防范各种风险，早作谋划，未雨绸缪，及时采取应对措施，尽可能减少其负面影响"[①]，首次提出"新常态"的重要论断。

2014 年 11 月，习近平同志在出席 2014 年亚太经合组织（APEC）工商领导人峰会时做了题为"谋求持久发展　共筑亚太梦想"的主旨演讲，系统阐述了中国经济新常态的三大特点与四大机遇。习近平同志深刻指出，中国经济呈现出的新常态有三大特点："一是从高速增长转为中高速增长。二是经济结构不断优化升级，第三产业、消费需求逐步成为主体，城乡区域差距逐步缩小，居民收入占比上升，发展成果惠及更广大民众。三是从要素驱动、投资驱动转向创新驱动。新常态将给中国带来新的发展机遇。[②]"新机遇表现在以下四个方面："第一，新常态下，中国经济增速虽然放缓，实际增量依然可观"；"第二，新常态下，中国经济增长更趋平稳，增长动力更为多元"；"第三，新常态下，中国经济结构优化升级，发展前景更加稳定"；"第四，新常态下，中国政府大力简政放权，市场活力进一步释放"[③]。

2014 年 12 月，中央经济工作会议强调，"认识新常态，适应新常态，引领新常态，是当前和今后一个时期我国经济发展的大逻辑"，并同时指出"经济发展进入新常态，没有改变我国发展仍处于可以大有作为的重要战略机遇期的判断，改变的是重要战略机遇期的内涵和条件；没有改变我国经济发展总体向好的基本面，改变的是经济发展方式和经济结构"[④]。

理解"新常态"这一范畴，首先需要理解何谓"常态"。汉语中的"常态"，按照《词源》解释，是"通常的状态"之意[⑤]。在英语中，"常态"一词对应于单词"normal"。"normal"源于词根"norm -"，作名词时表示"the usual or average state，level or standard（常态；通常标准；一般水平）"[⑥]。借

---

① 习近平．深化改革发挥优势创新思路统筹兼顾 确保经济持续健康发展社会和谐稳定［N］．人民日报，2014 - 05 - 11（01）．

②③ 习近平．谋求持久发展　共筑亚太梦想［N］．人民日报，2014 - 11 - 10（02）．

④ 中央经济工作会议在北京举行［N］．人民日报，2014 - 12 - 12（01）．

⑤ 辞源（第 2 册）［M］．北京：商务印书馆，1980：981．

⑥ 霍恩比．牛津高阶英汉双语词典［M］．北京：商务印书馆，2009：1358．

助辩证唯物主义来剖析“常态”的哲学内涵，那么“常态”是“统一体的相对的平衡”，“如果它们（指矛盾的各方面）的量变还能保持着相对的平衡，这个统一体就能保持着它原来的性质，保持着相对的稳定”。但是，事物是发展的，使得“常态”是暂时的、变动的。“当量变超过了一定的限度，这个统一体的相对的平衡，所谓常态，就不能维持了”①。此时，旧的常态无法持续，被新的“相对的平衡”所取代。苏联哲学家鲁特凯维奇（Руткевич A M）也指出，旧常态的偏离，意味着“建立新的常态”②。

在常态演进的过程中，旧常态之所以不能持续，是因为在它发展的过程中产生了新的矛盾，成为对它发展而言的制约性因素。这些制约性因素，既造成旧常态的危机，又促使旧常态转向新常态。应对危机所进行的变革，恰恰是为了化解这些矛盾，消除制约性因素，形成新的常态。可以发现，在“旧常态”与“新常态”之间，还存在着一个“反常态”的过渡期，伴随着危机与变革。这类似于美国科学史家托马斯·库恩（Thomas Kuhn）对科学发展动态模式的阐释，即“常态科学时期”与“新的常态时期”之间，经历着“反常与危机”以及“科学革命”③。因此，常态演变经历着“旧常态—反常态（危机与变革）—新常态”的运动过程，这是常态演变的基本规律。

2. 利益格局与经济发展的辩证关联

利益是历史唯物主义的重要范畴。马克思说过，“人们奋斗所争取的一切，都同他们的利益有关”④。在一定社会形态下，不同的利益彼此联系、相互作用，结成了具体的、特定的组合形式和结构，形成了相应的利益格局。同时，利益是运动的，使得利益格局也随之不断演变。在某些时候，各方面的利益在运动中取得“相对的平衡”，形成利益格局的“常态”。但是，这种平衡是暂时的、相对的，而非永恒的、绝对的。在特定的条件下，随着利益

① 冯友兰．中国哲学史新编（第1册）[M]．北京：人民出版社，1982：142.

② 鲁特凯维奇．从弗洛伊德到海德格尔：存在精神分析评述 [M]．北京：东方出版社，1989：128.

③ 刘绪贻，杨生茂．美国通史（第6卷）[M]．北京：人民出版社，2002：649.

④ 马克思恩格斯全集（第1卷）[M]．北京：人民出版社，1956：82.

关系的变动，各方面利益之间的平衡将被打破，使得利益格局转向“反常态”。在利益格局的“反常态”下，利益矛盾将不断凸显，进而影响到经济社会的方方面面。相对地，反常态的利益格局又会受到来自各方面的变革压力，并在常态演变规律的支配下通过调整进入新的常态。

从历史的跨度来看，利益格局与经济发展之间存在着辩证关联。这种辩证关联，充分展现在彼此演变的互动性上。一方面，经济发展推动利益格局演变。恩格斯说过，“每一个社会的经济关系首先是作为利益表现出来”[①]。利益作为经济关系的根本反映，在经济发展中不断变动。这种变动既反映为旧的利益问题的不断解决，利益矛盾的不断缓解，又反映为新的利益问题的不断生成，利益矛盾的不断激化，成为利益格局常态演变的动力。如果经济发展处于某种常态的后期，意味着新的利益问题已经在经济常态发展的过程中不断生成和堆积、利益矛盾已经激化，一旦触碰到质变的“临界点”，就会导致利益格局的反常态，影响社会稳定性，使得“托克维尔悖论”似的情形发生[②]，并呈现为两大特征，即外在的经济繁荣景气和内在的利益格局失衡。另一方面，利益格局演变又反作用于经济发展。利益格局处于常态，意味着此时的利益格局能够被社会各群体接受和认可，人们从事经济生产的积极性得以提升。显然，利益格局常态是促进经济稳定发展，即经济发展常态的重要保障。相反，若利益格局处于“反常态”，则意味着此时的利益格局难以被社会各群体接受和认可，不断凸显的利益矛盾势必冲突化、斗争化，破坏社会稳定性，并挫伤人们的生产积极性。此时，利益格局的反常态将成为阻碍经济稳定发展的制约性因素，破坏经济发展常态[③]。

---

① 马克思恩格斯全集（第18卷）［M］. 北京：人民出版社，1964：307.

② 赵磊．政治与经济：中国改革的可能走向［J］. 学术月刊，2012（1）. 所谓“托克维尔悖论”，指向的是托克维尔在《旧制度与大革命》中的发问，即“何以繁荣反而加速了大革命到来”？正如赵磊（2012）所指出的，经济发展与社会稳定之间的相关性，一直是学术界关注的焦点。虽然这个关系中的“正相关”也是客观存在的事实，但其中的“负相关”却更加令人困惑不安：在既定的时期内，经济越发展，社会稳定程度就越差。

③ 易森，任毅．经济利益关系失衡：理论与现实［M］. 北京：经济科学出版社，2015：2.

2.2.2 “分工—利益—分配”逻辑

利益作为历史唯物主义的重要范畴，与历史唯物主义的其他基本范畴之间存在着紧密联系。这决定了利益格局并非孤立的关系体系，而是与分工格局、分配格局等关系体系紧密关联，从而使得马克思利益分析方法并非孤立讨论利益。一方面，利益是社会经济关系的反映，利益关系的深处指向着分工关系；另一方面，分配关系是利益的延展，利益关系最终落实在分配关系上。因此，中国特色社会主义政治经济学利益分析方法能够基于马克思利益分析方法，拓展形成一条富含建设性意义的“分工—利益—分配”分析逻辑。

具体而言，马克思在批判吸收色诺芬、柏拉图、斯密、斯图亚特、霍吉斯金、施托尔希和斯卡尔培克等人的分工思想后，对分工进行了不同角度的研究，逐渐形成了完整的分工理论①。马克思分工理论富有穿透力和拓展力，是在新的历史实践中丰富和发展马克思主义政治经济学的理论突破口之一。在对分工的具体研究中，马克思受到斯卡尔培克分工划分方法的影响，将分工划分为第一类分工和第二类分工，即社会分工和企业内分工，并且着重强调其中的企业内分工是“政治经济学的一切范畴的范畴”②。对社会分工和企业内分工做出重要区分，并对分工在现代制造业中应用的组织特点进行确切评价，被视为马克思分工理论的主要贡献和分工思想史的重要突破③。随着分工的发展，在社会分工和企业内分工这两类分工的基础上，20 世纪 70 年代出现了企业网络分工这一分工新形态④。具体而言，传统模式下企业内部最终产品的各组成部件生产不断外部化，逐渐分离形成各个独立的企业，进而在彼

① 马克思恩格斯全集（第 44 卷）[M]. 北京：人民出版社，2001：390 – 426.

② 马克思恩格斯全集（第 32 卷）[M]. 北京：人民出版社，1998：304.

③ 伊特韦尔. 新帕尔格雷夫经济学大辞典（第 1 卷）[M]. 北京：经济科学出版社，1996：980.

④ 李翀. 论社会分工、企业分工和企业网络分工——对分工的再认识 [J]. 当代经济研究，2005（2）：17 – 22. 李翀（2005）所认为的，企业网络分工与企业分工不同，前者是由多个企业完成同一个生产过程，后者是由一个企业完成同一个生产过程。笔者认为，企业网络分工与社会分工的主要区别，并非在如李翀（2005）所说的“契约关系”存在与否，而是企业网络分工中的单个企业能否达到社会分工的生产结果，即能否独立地生产出最终产品。

此之间形成围绕最终产品生产的相互依赖的企业网络分工。对于这种新形态的萌芽发轫，马克思早已作过精彩的阐述，“一旦工场手工业的生产扩展到某种商品的一个特殊的生产阶段，该商品的各个生产阶段就转化为各种独立的行业。……在制品是一个由局部产品纯粹机械地装配成的整体的地方，局部劳动又可以独立化为特殊的手工业”①。

在马克思看来，不论是哪一种形态的分工，都存在着“激励”和“分化”的双重效应。其中，“激励效应”体现为提升生产效率，“分化效应”体现为促进利益分化。一方面，马克思发现，并非亚当·斯密所言的专业化，而是分工中虽无形却有力的“协作”创造了社会生产力，提升了生产效率②，从而决定着全社会利益创造的总量水平。这是因为，协作不仅“提高了个人生产力，而且是创造了一种生产力”③，而“分工是特殊种类的协作，它的许多优越性都是由协作的一般性质产生的”④。另一方面，分工使得特殊利益与共同利益之间矛盾生成，并导致利益分化，又决定着全社会利益分享的质量水平。马克思对此有过深刻阐述，即“随着分工的发展也产生了单个人的利益或单个家庭的利益与所有互相交往的个人的共同利益之间的矛盾”⑤。显然，分工的双重效应分别指向效率维度与公平维度，并决定着利益创造和利益享有，从而对利益关系格局产生叠加影响。

分工对利益关系格局施加的影响将传递到收入层面，以更加具象的收入分配格局表现出来。在分工通过提升生产效率增大全社会利益总量的同时，特殊利益与共同利益之间的矛盾又会使得分工的利益分化效应显现，造成全社会各成员之间利益享有的差异，并通过收入层面数量上和质量上的分配不均表现出来。具体而言，国家、区域、产业、企业等，都是不同层面的利益共同体。但是，在这些利益共同体内部，由于在经济关系中所处地位的相对差异，各利益主体又存在各自的特殊利益追求，并具备不同的利益实现能力。

---

① 马克思恩格斯全集（第44卷）[M]. 北京：人民出版社，2001：409.
② 杨慧玲，张伟. 马克思分工理论体系研究 [J]. 经济学家，2011（10）：14－21.
③ 马克思恩格斯全集（第44卷）[M]. 北京：人民出版社，2001：378.
④ 马克思恩格斯全集（第44卷）[M]. 北京：人民出版社，2001：393.
⑤ 马克思恩格斯选集（第1卷）[M]. 北京：人民出版社，1995：84.

于是，在社会分工层面、企业网络分工层面以及企业内分工层面的各主体之间，如果利益享有的差异不断扩大，势必形成收入分配失衡。

回到马克思的语境可以发现，从分工到利益再到收入分配，马克思“分工—利益—分配”的分析逻辑蕴含在他对资本主义的剖析中。针对资本主义的分工，马克思深刻总结了它的两种效应发挥，即“一方面，它表现为社会的经济形成过程中的历史进步和必要的发展因素；另一方面，它表现为文明的和精巧的剥削手段”①。毋庸置疑，正是资本对剩余价值的追逐，推动了资本主义分工的深化与广化，其结果不仅是生产力空前发展，而且是劳资利益关系的不断失衡以及贫富之间收入的两极分化。我们不妨用马克思引用霍吉斯金的一段话来加深对这一分析逻辑的把握，在这位被马克思称为“出色著作的作者”② 看来，“因为一切由分工引起的利益自然集中在劳动者身上，并且属于劳动者，所以，当这各种利益从劳动者手里被取去时，如果只有那从来不劳动的人会在社会的进步中，靠他们的增进的熟练而发财致富——那必然是非法占有的结果，是富者方面横夺和劫掠的结果，是贫者方面屈服恭顺的结果”③。分工引致利益，而利益的篡夺和分化又产生收入差异和贫富区分。于是，“分工—利益—分配”的分析逻辑在这段论述中精炼而清晰地展现出来。这一条分析逻辑，有助于我们将利益分析双向延展至分工领域与分配领域，更系统和全面地把握社会主义初级阶段特殊的利益关系格局和利益问题集束。

2.2.3 “利益—发展”协同优化思路

按照中国特色社会主义政治经济学利益分析方法，利益分析不是孤立的方法，而是内嵌于“生产力—生产关系”分析框架中。利益是社会经济关系的反映，决定了利益关系演变内生于生产力与生产关系的矛盾运动，这就使

---

① 马克思恩格斯全集（第44卷）［M］. 北京：人民出版社，2001：422.
② 马克思恩格斯全集（第44卷）［M］. 北京：人民出版社，2001：411.
③ 马克思．剩余价值学说史（第3卷）［M］. 北京：人民出版社，1978：352.

得利益分析内嵌于“生产力—生产关系”分析框架，成为把握社会发展内在规律性的有效工具。与此同时，历史唯物主义的观点认为，“生产关系的总和构成社会的经济结构，即有法律的和政治的上层建筑竖立其上并有一定的社会意识形式与之相适应的现实基础”①。在社会基本矛盾中，还包括上层建筑与经济基础之间的矛盾。上层建筑与经济基础之间的矛盾并非占主导地位的一对矛盾，这是因为合理完善上层建筑与经济基础相适应，应以科学调整生产关系与生产力相适应作为前提。但是，任何特定社会形态下的利益分析，都不能也无法将上层建筑的因素排斥出去。这是因为，经济基础和上层建筑的矛盾的发展和变化受到生产力和生产关系的矛盾的制约；而生产力和生产关系矛盾的解决，又有赖于经济基础和上层建筑矛盾的解决②。易言之，完整的、系统的利益分析，离不开“生产力—生产关系—上层建筑”的理论范式支撑。

“利益—发展”协同优化，强调的是利益共享与经济发展的协同并进，从而实现改革、发展、稳定三者的统一，并以之推进共享发展。从内涵上看，共享发展强调的不仅是“经济数量”的增长，而且是“经济关系”以及由这些经济关系交错形成的“经济结构”的优化。共享发展的“共享”与“发展”，分别指向的是生产关系层面与生产力层面。那么，结合“生产力—生产关系—上层建筑”理论范式可知，落实共享发展理念不仅需要实现生产力与生产关系相统一，并且有赖于现实中经济基础和上层建筑矛盾的解决。由此可见，“利益—发展”协同优化不仅涉及生产关系，而且要涉及生产力以及上层建筑。因此，按照中国特色社会主义政治经济学利益分析方法，实现“利益—发展”协同优化就必须基于“生产力—生产关系—上层建筑”的理论范式，从生产力、生产关系、上层建筑三个层面予以系统推进。易言之，只有在生产力、生产关系、上层建筑三个层面共同发力，才能系统破解现实中的利益分配问题和经济发展问题，才能在“利益—发展”协同优化中不断推进社会主义共享发展。

---

① 马克思恩格斯全集（第13卷）［M］. 北京：人民出版社，1962：8.

② 艾思奇. 辩证唯物主义历史唯物主义［M］. 北京：人民出版社，1978：235.

2.3　本章小结

作为马克思主义的三大组成部分之一，马克思主义政治经济学也呈现出不断重新“出场”的发展历程。作为马克思主义政治经济学的一次重新出场，中国特色社会主义政治经济学被赋予鲜明的规定性，体现着对马克思主义政治经济学的继承和发展。社会主义初级阶段的经济关系以及相应的经济制度、经济体制、经济运行机制，决定了社会主义初级阶段特殊的利益关系格局和利益问题集束，决定了利益分析方法具有不可或缺的作用，在整个中国特色社会主义政治经济学研究方法中占据重要地位，并呈现出当代流变。具体而言，这一流变体现了一般性和特殊性的内在统一。作为一般性的体现，中国特色社会主义政治经济学利益分析方法继承了马克思利益分析方法的诸多内涵，包括利益分析从物质利益、经济利益出发，突出“共同利益—特殊利益”分析，并内嵌于“生产力—生产关系”分析框架中。与此同时，相较马克思利益分析方法，中国特色社会主义政治经济学利益分析方法又在流变中获得其特殊内涵，主要表现在利益分析的聚焦点不再是阶级利益，而是群体利益；利益分析基于“以人民为中心”的人民利益观，将社会主义共同利益落实在人民利益之上；利益分析紧扣“稳中求进”的改革战略，具有鲜明的建设性。

对中国特色社会主义政治经济学利益分析方法进行具体拓展，能够为我们提供把握共享发展新理念的有效理论工具。这些理论拓展包括基于利益分析方法的“利益—发展”常态变迁规律、“分工—利益—分配”逻辑以及“利益—发展”协同优化思路。具体而言：

（1）通过“利益—发展”常态变迁规律的理论拓展可知，常态演变经历着“旧常态—反常态（危机与变革）—新常态”的运动过程，这是常态演变的基本规律。利益格局与经济发展之间存在着辩证关联，经济发展推动利益格局演变，两者的常态变迁并不完全同步；利益格局常态是促进经济稳定发展，即经济发展常态的重要保障。特别是，利益格局的反常态将成为阻碍经济稳定发展的制约性因素，破坏经济发展常态。

（2）通过“分工—利益—分配”逻辑可知，不论是哪一种形态的分工，都存在着“激励”和“分化”的双重效应。其中，“激励效应”体现为提升生产效率，“分化效应”体现为促进利益分化。分工的双重效应分别指向效率维度与公平维度，并决定着利益创造和利益享有，对利益关系格局产生叠加影响，进而以更加具象的收入分配格局表现出来。

（3）由“利益—发展”协同优化思路可知，“利益—发展”协同优化强调的是利益共享与经济发展的协同并进，从而实现改革、发展、稳定三者的统一，并以之推进共享发展。共享发展的“共享”与“发展”，分别指向的是生产关系层面与生产力层面，那么结合“生产力—生产关系—上层建筑”理论范式可知，落实共享发展理念不仅需要实现生产力与生产关系相统一，并且有赖于现实中经济基础和上层建筑矛盾的解决。这些理论梳理与理论拓展，形成了本书展开研究的理论框架，也构成了本书理论研究的主要内容。

第3章　共享发展理念的理论方位：基于中国特色社会主义政治经济学理论体系

"创新、协调、绿色、开放、共享"新发展理念，反映了新时期我们党对经济社会发展规律的新认识，是中国特色社会主义政治经济学的重要拓展。具体而言，新发展理念体现了中国特色社会主义政治经济学的重大原则，凸显了中国特色社会主义政治经济学的现实指导意义，遵循了中国特色社会主义政治经济学视域下的改革逻辑。当前，新发展理念为破解发展新难题、厚植发展新优势、开拓发展新境界提供了科学的理论指导和行动指南。其中，共享发展理念又是新发展理念的最终落脚点，因此在整个中国特色社会主义政治经济学理论体系中占据显要的理论方位。借助中国特色社会主义政治经济学利益分析方法可以发现，经济发展旧常态导致新的利益结构性矛盾形成，是新时代我国社会主要矛盾转变的内在动因，共享发展是破解新时代利益结构性矛盾的必然要求。由此可见，共享发展理念作为破解新时代我国社会主要矛盾的理论重器，是中国特色社会主义政治经济学理论体系的重要构成。

3.1　新发展理念：中国特色社会主义政治经济学的重要拓展

改革开放以来，从发展就是硬道理，到发展是第一要务，到科学发展观，到"五位一体"总体布局，是我们党对经济社会发展规律认识不断深入的体现。在当前经济发展新常态和重要战略机遇期新阶段的历史关口，党的十八届五中全会提出了“创新、协调、绿色、开放、共享”新发展理念。新发展理念的提出，是中国特色社会主义政治经济学的重要拓展。

3.1.1　体现中国特色社会主义政治经济学的重大原则

2015年中央经济工作会议提出，“要坚持中国特色社会主义政治经济学的重大原则”。所谓原则，是“说话或行事所依据的法则或标准”①。中国特色社会主义政治经济学的重大原则，是中国特色社会主义政治经济学自始至终遵循的、具有统领作用的准则，对中国特色社会主义政治经济学的发展起到主导作用。这些重大原则贯穿于中国特色社会主义政治经济学的发展进程，清晰而坚定。作为中国特色社会主义政治经济学的重要拓展，新发展理念集中体现了这些重大原则。

1. 新发展理念体现了坚持解放和发展生产力原则

按照马克思主义的基本原理，生产力是社会生产方式中最活跃、最革命的因素，是社会发展的最终决定力量。在马克思看来，“单是由于后来的每一代人所得到的生产力都是前一代人已经取得而被他们当做原料来为新生产服务这一事实，就形成人们的历史中的联系，就形成人类的历史，这个历史随着人们的生产力以及人们的社会关系的愈益发展而愈益成为人类的历史”②。生产力是社会存在和发展的最一般条件，是推动人类历史发展的决定性力量，是社会由低级形态向高级形态发展的最终原因③。中国特色社会主义政治经济学坚持解放和发展生产力原则，牢牢抓住解放和发展生产力这一根本任务。在当前，全面建成小康社会、实现社会主义现代化以及实现中华民族伟大复兴，都迫切要求进一步解放和发展生产力。“创新、协调、绿色、开放、共享”新发展理念对此做出了科学回答，即通过创新发展、协调发展、绿色发

① 刘正埮等．汉语外来词词典［M］．上海：上海辞书出版社，1984：398.

② 马克思恩格斯全集（第27卷）［M］．北京：人民出版社，1972：477.

③ 许涤新．政治经济学辞典（上）［M］．北京：人民出版社，1980：80.

展、开放发展、共享发展，消除阻碍生产力进一步发展的不利因素，从而实现我国社会生产力水平总体跃升。

2. 新发展理念体现了坚持人民利益至上原则

习近平同志深刻指出，“要坚持把增进人民福祉、促进人的全面发展、朝着共同富裕方向稳步前进作为经济发展的出发点和落脚点，部署经济工作、制定经济政策、推动经济发展都要牢牢坚持这个根本立场”①。中国特色社会主义政治经济学始终强调人民在社会主义建设中的主体地位，沿袭了马克思主义政治经济学的人民立场。坚持人民利益至上，是中国特色社会主义政治经济学的又一重要原则。当前，五大发展理念凸显民生导向，紧扣人民最关心、最直接、最现实的利益问题，坚持发展为了人民、发展依靠人民、发展成果由人民共享，让人民群众更有获得感。因此，“创新、协调、绿色、开放、共享”新发展理念秉承了“以人民为中心”的发展思想，鲜明地体现了坚持人民利益至上原则。要坚持以人民为中心的发展思想，任何时候都必须把人民利益放在首位，这是马克思主义政治经济学的根本立场。

3. 新发展理念体现了坚持走共同富裕道路原则

习近平同志在中央政治局第一次集体学习时的讲话中指出，共同富裕是“中国特色社会主义的根本原则”，要求“发展成果更多更公平惠及全体人民，朝着共同富裕方向稳步前进”②。因此，坚持走共同富裕道路不仅是中国特色社会主义政治经济学的重大原则之一，而且是中国特色社会主义政治经济学的根本原则。改革开放以来，我们党始终将实现全体人民的共同富裕作为自己的奋斗目标，将坚持走共同富裕道路的原则贯穿于中国特色社会主义政治经济学建设的全过程。“创新、协调、绿色、开放、共享”新发展理念体现了坚持走共同富裕道路原则，强调发展的均衡性和发展成果的共享性，紧扣全面建成小康社会奋斗目标，引领我国朝着共同富裕方向稳步前进。

---

① 习近平. 立足我国国情和我国发展实践 发展当代中国马克思主义政治经济学［N］. 人民日报，2015-11-25（01）.

② 习近平. 紧紧围绕坚持和发展中国特色社会主义 学习宣传贯彻党的十八大精神——在十八届中共中央政治局第一次集体学习时的讲话［M］. 北京：人民出版社，2012：9.

4. 新发展理念体现了坚持完善社会主义市场经济体制原则

将社会主义与市场经济有机结合，是中国特色社会主义政治经济学的重要创举。在改革进程中不断完善社会主义市场经济体制，特别是在坚持公有经济在基本经济制度中的主体地位、按劳分配在分配制度中的主体地位的同时，处理好各种所有制经济关系和各种分配方式关系，以及处理好政府与市场关系，是中国特色社会主义政治经济学始终关注的核心课题。因此，坚持完善社会主义市场经济体制，是中国特色社会主义政治经济学一以贯之的重大原则。在当前，我国面临着发展不协调、发展不平衡和发展不可持续等诸多问题。社会主义市场经济体制还不够完善，是导致这些问题产生的重要原因之一。“创新、协调、绿色、开放、共享”新发展理念以这些发展问题为导向，力图更好地发挥出社会主义制度的优越性和市场配置资源的有效性，体现了坚持社会主义市场经济改革方向原则。

5. 新发展理念体现了坚持统筹兼顾原则

自毛泽东同志在《论十大关系》中系统提出统筹兼顾思想后，统筹兼顾已经成为我们党探索社会主义建设道路的重要战略方针。中国特色社会主义政治经济学始终坚持统筹兼顾，妥善处理不同时期中国特色社会主义事业中的重大关系，不断促进社会主义制度下人与人之间关系、人与自然之间关系和谐。正如习近平同志所强调的，“涉及经济、政治、文化、社会发展各个领域，其根本要求是统筹兼顾”①。作为坚持统筹兼顾原则的体现，“创新、协调、绿色、开放、共享”新发展理念在全面把握新时期发展中重大关系的基础上，注重发展的均衡性、协调性和可持续性，强调协调推进城乡、区域、经济社会、人与自然发展，协调推进国内发展和对外开放。

3.1.2　体现中国特色社会主义政治经济学的建设性内涵

中国特色社会主义政治经济学因改革开放而生成和发展，以全新的视野深化了对社会主义建设规律的认识，指引我国走出了改革开放之前的发展困

① 习近平．之江新语［M］．杭州：浙江人民出版社，2007：45.

局，充分发挥出重要指导作用。但是，如邓小平同志所说，“过去我们讲先发展起来。现在看，发展起来以后的问题不比不发展时少”①。这些“发展起来以后的问题”，已经成为制约当前我国经济社会发展的瓶颈。在此背景下，“创新、协调、绿色、开放、共享”新发展理念作为中国特色社会主义政治经济学的重要拓展，坚持问题导向，以创新发展、协调发展、绿色发展、开放发展、共享发展为抓手，力图突破发展瓶颈，厚植发展新优势，引领我国发展实现新的飞跃，充分凸显了中国特色社会主义政治经济学的现实指导意义。

1. 全面把握创新发展，激发新时期发展新动能

正如习近平同志所说，“我国经济发展要突破瓶颈、解决深层次矛盾和问题，根本出路在于创新”②。创新是当前引领发展的第一动力，以应对经济下行压力，保持我国经济中高速增长态势。五大发展理念强调创新发展对经济发展的重要性，要求全面把握创新发展，最大限度地激发新时期发展新动能。

一是把握创新实践的本真性，提升创新发展热情。创新的本质，在于人类对自然力的把握和驾驭，是人类自由程度的不断增加③。资本主义的创新实践，都是服务于资本利益，体现的是资本的创新热情，并且使得创新成果异化为统治和奴役人们的产物。在资本主义制度下，人们在创新实践中无法获取真正的自由，只会充满着对“新产品的普遍敌视”④。特别是资本主义的科技创新，如马尔库塞所言，带有明显的奴役性，不断强化资本的统治⑤。因此，创新发展应坚持本真，避免创新异化，真正做到创新为了人民、创新造福人民，提升全社会的创新发展热情。

二是把握创新内涵的系统性，释放创新发展潜能。创新发展，不仅包括生产力创新，还包括生产关系创新；不仅包括经济基础创新，还包括上层建

① 中共中央文献研究室．邓小平年谱：1975—1997（下）［M］．北京：中央文献出版社，2007：1364.

② 习近平在湖南考察时强调 深化改革开放推进创新驱动 实现全年经济社会发展目标［N］．人民日报，2013-11-06.

③ 赵磊．劳动价值论的历史使命［J］．学术月刊，2005（4）：26-33.

④ 赫希曼．转变参与：私人利益与公共行为［M］．上海：上海人民出版社，2008：41.

⑤ 马尔库塞．单向度的人：发达工业社会意识形态研究［M］．上海：上海译文出版社，1989：22-32.

筑创新。因此，创新发展不能被狭义理解为科技创新发展，而应理解为包括理论创新发展、制度创新发展、科技创新发展、文化创新发展等各方面在内的系统工程。因此，要把握创新的系统性内涵，通过创新生态体系的完整构建，释放出强劲的创新发展潜能。

三是把握创新主体的大众性，凝聚创新发展合力。五大发展理念中创新发展的主体，是万众创新的“万众”，是社会主义建设中的广大人民群众。创新作为一种高级形式的实践活动，离不开人民群众的主体作用和首创精神。改革开放以来我们已经取得的诸多理论、制度、科技以及文化创新成果，无不论证这一点。因此，创新主体的大众性，是人民史观在创新层面的映照，强调的是“人民创新观”，而非“精英创新观”。只有紧紧把握创新主体的大众性，才能将人民群众的创新力凝聚成为创新发展的强大合力。

2. *不断增强发展均衡性，构筑协调发展新格局*

在改革开放后的很长一段时期里，非均衡发展战略起到了解放和发展生产力、促进经济社会飞速发展的积极作用。但是与此同时，经济社会发展各方面的失衡态势不断显现，使得协调发展已成为当前我国经济社会持续健康发展的内在要求。坚持协调发展，其要义在于不断增强发展均衡性，构筑协调发展新格局。

一方面，增强发展均衡性，构筑协调发展新格局，要求发展不能局限于单一的经济维度，而是包括经济发展、政治发展、文化发展、社会发展、生态文明发展在内的整体发展。这正如习近平同志所指出的，“城乡联系、区域联系、经济与社会的联系、人与自然的联系、国内发展与对外开放的联系，都是客观存在的。如果我们违背联系的普遍性和客观性，不注意协调好它们之间的关系，就会顾此失彼，导致发展失衡”①。因此，协调发展应牢牢把握中国特色社会主义事业总体布局，不断促进生产关系与生产力、上层建筑与经济基础相协调。在推进协调发展的具体过程中，我们不仅要推进区域协调发展、城乡协调发展，而且要推进物质文明和精神文明协调发展、经济建设

---

① 习近平．干在实处走在前列——推进浙江新发展的思考与实践［M］．北京：中共中央党校出版社，2006：15.

和国防建设融合发展。

另一方面，增强发展均衡性，构筑协调发展新格局，还要求抓住具体问题的关键，锁定和补齐发展短板。当前，相较经济发展而言，我们要锁定和补齐政治发展、文化发展、社会发展、生态文明发展的短板。同时，在推进区域协调发展中，我们要锁定和补齐相对落后地区发展的短板；在推进城乡协调发展中，我们要锁定和补齐农村发展的短板；在推动物质文明和精神文明协调发展中，我们要锁定和补齐精神文明发展的短板；在推进经济建设和国防建设融合发展中，我们要锁定和补齐国防建设发展的短板。

3. 大力推进绿色发展，促进人与自然和谐共生

我国在取得40多年发展奇迹的同时，粗放型经济增长方式使得生态环境不断恶化，大气、水、土壤等环境污染问题日益突出。绿色发展，正是在深刻反思过去粗放增长的基础上逐步形成的，以促进人与自然和谐共生的一种发展形态。在马克思主义看来，“人与人的和解”是“人与自然的和解”的前提条件①。因此，实现“人与自然的和解”，离不开“人与人的和解”，需要对生产方式以及相对应的消费方式进行必要调整。这种必要调整，是当前绿色发展迫切要求的“绿色转换”，即生产方式的绿色化以及相对应的消费方式绿色化。

一方面，绿色发展迫切要求大力推进生产方式绿色化。生产方式绿色化要求我们在物质资料生产中，不仅要尊重经济规律、社会规律，而且要尊重自然规律，否则将付出沉重的生态代价。这正如恩格斯所说，“我们对自然界的整个支配，仅仅是因为我们胜于其他一切动物，能够认识和正确运用自然规律而已……我们不要过于得意我们对自然界的胜利。对于我们的每一次胜利，自然界都报复了我们”②。2015年3月24日，中共中央政治局会议上提出要“协同推进新型工业化、城镇化、信息化、农业现代化和绿色化”，将“新四化”扩展为“新五化”，这正是尊重自然规律、推进生产方式绿色化的重要体现。新型工业化、城镇化、信息化、农业现代化的“新四化”，是生产

---

① 刘仁胜．生态马克思主义概论［M］．北京：中央编译出版社，2007：154.

② 恩格斯．自然辩证法［M］．北京：人民出版社，1959：145－146.

方式的变革。在此基础上加入“绿色化”，是对“新四化”提出的新要求，即要求绿色新型工业化、绿色城镇化、绿色信息化和绿色农业现代化，从而实现生产方式的绿色变革，促进人与自然和谐共生。

另一方面，绿色发展迫切要求大力推进消费方式绿色化。当前推进消费方式的绿色化，重点在于力戒奢侈浪费，提倡勤俭节约、低碳环保的消费方式。马克思认为，“奢侈是自然必要性的对立面。必要的需要就是本身归结为自然主体的那种个人的需要”①。如果一个社会崇尚消费至上主义的消费方式，充斥着炫耀性消费、病态消费等过度消费，那么奢侈浪费不可避免。同时，建立在这种消费方式之上的扩大再生产，只会造成人对自然的过度攫取，进而激化人与自然之间的矛盾，破坏人与自然的和谐共生。

4. 持续提升开放发展水平，发展更高层次开放型经济

对外开放是我国一项长期的基本国策，对我国40多年来的迅猛发展起到了重要作用。实践证明，国家要发展壮大，就必须主动顺应经济全球化潮流，毫不动摇地坚持对外开放。当前，虽然世界经济格局已经发生深度调整，但是我国经济深度融入世界经济的趋势没有变。在这样的背景下，开放发展要求我们重新评判世界经济发展趋势和变革方向，以开放的最大优势谋求更大发展空间，持续提升开放发展水平，加快发展更高层次的开放型经济。

一是应实行更加积极主动的对外开放战略。40多年的对外开放实践，使得我国实现历史性跨越，成为世界第一货物贸易国、世界第二大对外投资国。实行更加积极主动的开放战略，强调的是开放发展的主动性，体现的是我们在40多年对外开放中不断形成的高度自信。我们应更加积极主动地顺应经济全球化潮流，积极参与新一轮全球分工，主动倡议、参与和推动新一轮国际经济秩序的调整和改善，在更高水平、更高层次开放中获取新的机遇②。

二是应打造全方位对外开放新格局。全方位对外开放新格局，要求我们推进内外两个方面的全方位开放。一方面，在认清我国对外开放逐步由沿海延展到内陆、由东部延展到西部的趋势和规律的基础上，我们应以“一带一

① 马克思恩格斯全集（第30卷）[M]. 北京：人民出版社，1995：525.

② 李伟. 在世界格局变动中把握中国经济新常态 [J]. 求是，2015（18）：27－30.

路”建设为重要契机，不仅提升“向东”开放水平，而且加快“向西”“向南”开放进程，协同推进东、中、西部对外开放发展。另一方面，在把握世界经济格局深度调整的基础上，我们不仅要继续成为“南北合作”的推进者，而且要充分发挥出“一带一路”建设、金砖国家新开发银行、亚洲基础设施投资银行、丝路基金和中国气候变化南南合作基金的重要影响，继续成为“南南合作”的重要贡献者、拓展者。

三是应推进对外开放的新体制建设。推进对外开放的新体制建设，是新时期开放型经济的顶层设计，旨在破除当前阻碍开放发展的体制机制障碍，释放被束缚的对外发展潜能。对外开放的新体制建设作为经济体制改革的重要组成，离不开全面深化改革的大背景，其核心问题是处理好政府和市场的关系。具体而言，在完善法治化、国际化、便利化的营商环境，健全有利于合作共赢并同国际贸易投资规则相适应的体制机制的过程中，既要坚持市场在资源配置中起决定性作用，又要更好地发挥政府作用。在此基础上，加快形成有利于培育新的比较优势和竞争优势的制度安排，释放出开放发展的内驱力。

5. 加快补齐民生短板，谱写利益共享新篇章

共享是中国特色社会主义的本质要求，是发展的出发点和落脚点。不论是创新发展、协调发展，还是绿色发展、开放发展，最终都应回归于共享发展。共享发展，坚持的是以人民为中心的发展思想，强调发展成果由人民共享，体现了民生与发展的辩证统一。可以说，没有发展做基础的民生，是低水平的民生；不顾民生的发展，是后继乏力的发展。在当前，我国民生建设滞后造成的发展乏力日渐突出。针对这一问题，我们要兼顾民生与发展，补齐民生短板，谱写共享发展新篇章。

一是补齐扶贫开发短板。当前我国贫困问题依旧十分突出，扶贫开发工作依旧任重道远。邓小平同志指出：“社会主义要消灭贫穷，贫穷不是社会主义。”[①] 贫困问题与社会主义不相容，与实现全面建成小康社会的宏伟目标也不相容。截至 2019 年末，我国还有 551 万现行标准下的贫困人口，需要在

① 邓小平文选（第三卷）[M]. 北京：人民出版社，1983：63.

2020年前全部脱贫①。因此，现实迫切要求实施精准扶贫、精准脱贫，因人因地施策，提高扶贫实效，坚决打赢脱贫攻坚战。

二是补齐收入分配短板。在改革开放的过程中，我国收入分配格局发生了重大演变，贫富悬殊问题日渐严重，对经济发展与社会稳定产生了不利影响。国家统计局发布的数据显示，我国2003～2018年的基尼系数均高于0.46，超过了0.4的国际警戒线。当前，补齐收入分配短板，应坚持和完善社会主义基本分配制度，推进居民收入增长和经济增长同步、劳动报酬提高和劳动生产率提高同步，持续增加城乡居民收入。

三是补齐社会保障短板。社会保障短板，在很大程度上决定了扶贫开发短板和收入分配短板。换言之，不论是解决贫困问题，还是解决贫富差距问题，都离不开社会保障体系的健全和政府社会保障能力的提升。当前，补齐社会保障短板，应“大力做好保障和改善民生工作，注重关心生活困难群众，让群众得到看得见、摸得着的实惠”②，确保就业、养老、医疗、住房、教育等民生工作能够真正落到实处。

3.1.3　遵循中国特色社会主义政治经济学视域下的改革逻辑

中国改革所遵循的基本逻辑，既不应理解为唯市场论的“逐步从强盗逻辑走向市场逻辑”③，也不应理解为实用主义的“把能想到的办法合法化”④，而应在中国特色社会主义政治经济学的视域下予以理解。在中国特色社会主义政治经济学视域下，改革遵循的是历史唯物主义的逻辑，是“不断适应社会生产力发展调整生产关系，不断适应经济基础发展完善上层建筑”，“适应我国社会基本矛盾运动的变化来推进社会发展”⑤。因此，改革的逻辑应是不

---

① 蔡昉．继续为实现今年经济社会发展目标任务而奋斗［N］．人民日报，2020－02－12（09）．

② 习近平李克强俞正声分别参加全国两会一些团组审议讨论［N］．人民日报，2013－03－07．

③ 张维迎．从特权到产权［J］．中国民营科技与经济，2012（z1）：68－70．

④ 周其仁．改革的逻辑［M］．北京：中信出版社，2013：4．

⑤ 习近平在中共中央政治局第十一次集体学习时强调 推动全党学习和掌握历史唯物主义 更好认识规律更加能动地推进工作［M］．北京：人民出版社，2013：3．

断调整生产关系以适应生产力发展，不断完善上层建筑以适应经济基础发展，在此基础上推进经济社会发展。

按照历史唯物主义的观点，社会基本矛盾总是不断发展的，总以新的发展问题表现出来。因此，改革只有进行时，并且不断对中国特色社会主义政治经济学提出新的要求。在当前，作为中国特色社会主义政治经济学的重要拓展，五大发展理念以新的发展问题为导向，引领全面深化改革，在社会基本矛盾层面深刻体现了两点论与重点论的统一。一方面，创新发展、协调发展、绿色发展、开放发展、共享发展五大发展不仅包括生产力发展，而且包括生产关系发展；不仅包括经济基础发展，而且包括上层建筑发展，这是发展的两点论。另一方面，相较于当前生产力发展与经济基础发展，生产关系发展与上层建筑发展已经成为短板，调整生产关系和完善上层建筑日益迫切。因此，在推进五大发展的过程中，更加重视生产关系发展和上层建筑发展，这是发展的重点论。由此可见，五大发展理念遵循的改革逻辑，就是要科学调整当前生产关系以适应社会生产力发展，合理完善当前上层建筑以适应经济基础发展，从而开拓发展新境界。生产资料所有制是整个社会生产关系的基础。因此，科学调整生产关系需要紧扣生产资料所有制。具体而言，在当前推进新发展理念的过程中，要毫不动摇地巩固和发展公有制经济，毫不动摇地鼓励、支持和引导非公有制经济发展，以之科学调整当前生产关系，进一步解放和发展生产力；要顺应经济基础良性发展的要求，不断完善上层建筑不适应经济基础的具体环节。

1. 科学调整当前生产关系以适应社会生产力发展

公有制经济有利于维护和实现社会公平正义，在推进协调发展、共享发展方面有着毋庸置疑的优势。不仅如此，公有制经济在创新发展、绿色发展和开放发展方面也表现突出。因此，毫不动摇地巩固和发展公有制经济，坚持公有制经济的主体地位，积极优化所有制结构，无疑是当前科学调整生产关系的重要发力点。只有基于这样的调整，公有制经济在推进五大发展中的应有作用才能得以充分发挥。特别是作为公有经济的中坚，国有企业要成为党和国家最可信赖的依靠力量，成为坚决贯彻执行党中央决策部署的重要力量，成为贯彻新发展理念、全面深化改革的重要力量①。

在我国经济结构战略性调整的背景下，非公有制经济在我国经济社会发展中的地位和作用没有变，我们毫不动摇鼓励、支持、引导非公有制经济发展的方针政策没有变，我们致力于为非公有制经济发展营造良好环境和提供更多机会的方针政策没有变②。同时，随着经济发展不确定性上升和下行压力有所加大，非公有制经济同样面临着发展方式转变和经济结构调整的机遇和挑战。非公有制经济只有抓住机遇、赢得挑战，才能实现新时期的健康发展，才能为推进五大发展做出新的重要贡献。因此，毫不动摇地鼓励、支持和引导非公有制经济发展，以鼓励支持和教育引导相结合推进非公有制经济加快转变经济发展方式和经济结构调整，是当前科学调整生产关系的又一重要发力点，以充分发挥出非公有制经济在助推五大发展中的应有作用。

2. 合理完善当前上层建筑以适应经济基础发展

在中国特色社会主义政治经济学的利益分析视域下，利益分析不能也无法将上层建筑的因素排斥出去。这是因为，经济基础和上层建筑的矛盾的发展和变化受到生产力和生产关系的矛盾的制约；而生产力和生产关系矛盾的解决，又有赖于经济基础和上层建筑矛盾的解决③。当前，牢固树立并切实贯彻“创新、协调、绿色、开放、共享”新发展理念，是关系我国发展全局的一场深刻变革，势必牵动经济基础的合理演变和良性发展，从而必然要求国家治理体系和治理能力相应跟进，必然要求政治、法律等制度以及社会意识形态相应跟进。

作为上层建筑直接施加作用的对象，经济基础的不合理部分受到市场经济固有缺陷和资本逐利本性的影响，已经滋生出诸多问题。其中，最突出的问题是既得利益集团已经形成并盘踞在部分领域，成为当前推进五大发展的巨大阻碍。这些既得利益集团为了自身的特殊利益，会拒绝创新、会抵制协

---

① 习近平在全国国有企业党的建设工作会议上强调 坚持党对国有企业的领导不动摇 开创国有企业党的建设新局面 [N]. 人民日报，2016－10－12（01）.

② 习近平主持召开民营企业座谈会强调 毫不动摇鼓励支持引导非公有制经济发展 支持民营企业发展并走向更加广阔舞台 [N]. 人民日报，2018－11－02（01）.

③ 艾思奇．辩证唯物主义历史唯物主义 [M]. 北京：人民出版社，1978：235.

调、会破坏生态、会反对开放、会阻挠共享，甚至置党和人民利益于不顾，与社会主义发展方向背道而驰。如习近平同志所说，改革就是“突破利益固化的藩篱”①。因此，推进五大发展，要求我们基于社会主义共同利益，不断完善社会主义政治、法律等制度建设，增强社会主义意识形态话语权，不断突破利益固化，不断强化利益认同，不断牵制既得利益集团的不当行为，充分发挥出上层建筑对利益关系格局的协调作用。

3.2　共享发展理念：破解新时代我国社会主要矛盾的理论重器

“创新、协调、绿色、开放、共享”新发展理念，作为习近平新时代中国特色社会主义经济思想的精髓要义，是中国特色社会主义政治经济学的重要拓展。其中，共享发展理念又是新发展理念的最终落脚点，因此在整个中国特色社会主义政治经济学理论体系中占据显要的理论方位。同时，作为新时代中国特色社会主义的新变化，我国社会主要矛盾已经转化为人民日益增长的美好生活需要和不平衡不充分的发展之间的矛盾。借助中国特色社会主义政治经济学利益分析方法可以发现，经济发展旧常态导致新的利益结构性矛盾形成，是新时代我国社会主要矛盾转变的内在动因，共享发展是破解新时代利益结构性矛盾的必然要求。由此可见，共享发展理念作为破解新时代我国社会主要矛盾的理论重器，是中国特色社会主义政治经济学理论体系的重要构成。

3.2.1　社会主义初级阶段经济建设的整体逻辑把握

正如本书第2章所论述的，伴随着中国特色社会主义政治经济学的出场，中国特色社会主义政治经济学利益分析方法在对马克思利益分析方法的继承

① 习近平．习近平谈治国理政［M］．北京：外文出版社，2014：87.

与发展中呈现出当代流变。中国特色社会主义政治经济学利益分析方法在中国特色社会主义经济建设中得到整体运用，体现了理论逻辑和历史逻辑的辩证统一。社会主义初级阶段经济建设进程，是新时代我国社会主要矛盾转变的历史背景。因此，对社会主义初级阶段经济建设整体逻辑的把握，是理解新时代我国社会主要矛盾转变内在动因的前提。中国特色社会主义经济建设为中国特色社会主义政治经济学利益分析方法的运用提供了广阔的领域，使其在推进社会主义现代化、创造人民美好生活的历史性实践中不断丰富与发展，体现出理论逻辑和历史逻辑的辩证统一。这正如恩格斯所说，“历史从哪里开始，思想进程也应当从哪里开始，而思想进程的进一步发展不过是历史过程在抽象的、理论上前后一贯的形式上的反映；这种反映是经过修正的，然而是按照现实的历史过程本身的规律修正的”①。

社会主义初级阶段相对落后的生产力水平，决定了对物的依赖关系和非自愿分工的客观存在。在全社会生产关系体系中处于不同位置或节点的人们，结集成为不同的利益群体。马克思说过，“只有在集体中，个人才能获得全面发展其才能的手段，也就是说，只有在集体中才可能有个人自由”②。因此，在社会主义初级阶段，个人从社会获取利益，仍然是以利益群体为重要媒介和载体。同时，各利益群体在全社会生产关系体系所处位置不同，组织类型与群体力量也存在差异，这些都决定了利益差异和矛盾在归属于不同利益群体的个人之间不断生成，造成全社会利益创造与利益享有的矛盾。由此可见，围绕这些利益群体展开的利益群体分析，成为把握社会主义初级阶段利益差异和矛盾的关键所在。在马克思主义视域下，利益群体的基础是共同的物质利益和经济利益追求，因此利益群体划分应基于经济关系来进行。那么，社会主义经济关系结构的不同维度，又决定了现实中不同的利益群体划分。比如，从所有制结构出发，可划分为国有经济利益群体、集体经济利益群体以及非公经济利益群体；从区域结构出发，可划分为发达地区利益群体，欠发达地区利益群体，东、中、西地区利益群体以及各层次的区域性利益群体；

---

① 马克思恩格斯全集（第13卷）[M]. 北京：人民出版社，1962：532.

② 马克思恩格斯全集（第3卷）[M]. 北京：人民出版社，1960：84.

从城乡结构出发，可划分为城镇居民利益群体、农村居民利益群体；从收入分配结构出发，可划分为高收入利益群体、中等收入利益群体、低收入利益群体；从职业结构出发，根据 2015 年版《中华人民共和国职业分类大典》，有 8 个大类，在这些大类之下又有 75 个中类、434 个小类、1481 个职业，可划分为不同层级的利益群体；等等。这些不同维度的利益群体不断运动变化，并且彼此交叉重叠，在社会主义初级阶段的特定时空条件下构成了动态演进的利益格局。

在社会主义初级阶段，以公有制为主体、多种所有制共同发展的基本经济制度，与人民民主专政的国体和人民代表大会制度的政体相统一，确保了人民当家作主的主体地位。人民是什么？毛泽东同志在中华人民共和国成立前夕发表的《论人民民主专政》一文中曾这样问道。他指出，在当时所处阶段，人民就是“工人阶级，农民阶级，城市小资产阶级和民族资产阶级”①。现阶段，我国的人民则包括全体社会主义劳动者、社会主义事业的建设者、拥护社会主义的爱国者和拥护祖国统一的爱国者，涵盖了社会主义初级阶段下绝大部分的利益群体。因此，人民范畴的具体化和人民主体地位的现实化，决定了社会主义人民内部各利益群体之间存在着真实的共同利益，集中体现为真实的人民利益。在社会主义建设中，我们始终坚持人民利益至上，坚持保障和改善民生，朝着共同富裕的奋斗目标不断迈进，彰显了“以人民为中心”的社会主义共同利益观。与此同时，虽然人民内部各利益群体之间仍然存在着利益矛盾，但是这类矛盾属于人民内部矛盾，而非对抗性的敌我矛盾。毛泽东同志曾深刻指出，解决人民内部矛盾需要用民主的方法，具体化为一个公式，叫作“团结—批判—团结”，即从团结的愿望出发，经过批评或者斗争使矛盾得到解决，从而在新的基础上达到新的团结②。因此，在社会主义经济建设中，我们通过强化共同利益，弱化不利于共同利益实现的特别是威胁到共同利益主导地位的特殊利益，以之统筹兼顾各利益群体利益，不断在更高水平上更好地实现社会主义共同利益，从而呈现出“强化共同利益（团

① 毛泽东选集（第四卷）[M]. 北京：人民出版社，1991：1475.
② 毛泽东文集（第七卷）[M]. 北京：人民出版社，1999：210.

结）—弱化特殊利益（批判）—更好实现共同利益（团结）”的社会主义利益协调路径。

统筹兼顾各利益群体之间利益关系，以及不断强化共同利益和弱化特殊利益，都是利益关系调整。习近平同志深刻指出，“改革是一场深刻的革命，涉及重大利益关系调整”①。改革，正是通过社会主义重大利益关系调整，深刻影响着社会主义事业的方方面面。我们知道，改革的合法性是建立在更好地维护和促进人民利益之上的，改革的目的是实现社会主义更高水平的发展与稳定。因此，在社会主义经济建设实践中，我们从来不是孤立地谈改革，而是始终以人民利益为中心，将改革、发展、稳定有机统一起来。在这里，中国特色社会主义政治经济学利益分析方法立足于马克思利益分析方法的批判性，在不断调整生产关系以适应社会生产力发展的改革实践中获得自身的建设性内涵。这种建设性内涵内植于“改革—发展—稳定”的动态进程之中，即改革是推动利益关系变革，稳定是实现利益格局均衡，发展是推动利益格局跃升至更高水平均衡。于是，社会主义初级阶段利益格局呈现出“均衡—失衡—变革—新均衡”的演进路径。这一演进路径不断展开的过程，就是我们在中国特色社会主义经济建设中不断突破不同时期利益失衡造成的利益瓶颈，在利益关系不断变革中实现利益格局一次次稳态跃升的过程。由此可见，中国特色社会主义经济建设实践辩证地将改革、发展、稳定三者融为一体，在改革中不断实现更高水平的发展与稳定，从而更好地维护和促进人民利益。

3.2.2　新时代下共享发展理念的使命担当

党的十九大报告指出，经过长期努力，中国特色社会主义已经进入新时代②。这既是基于世情、国情提出的重大政治判断，又是关系全局的战略考

① 习近平谈治国理政［M］. 北京：外文出版社，2014：348.

② 决胜全面建成小康社会 夺取新时代中国特色社会主义伟大胜利［M］. 北京：人民出版社，2017：9.

量，意味着中国特色社会主义站在了新的历史起点。作为新时代中国特色社会主义的新变化，我国社会主要矛盾已经从人民日益增长的物质文化需要同落后的社会生产之间的矛盾，转化为人民日益增长的美好生活需要和不平衡不充分的发展之间的矛盾。毋庸置疑，如何准确定位以及着力破解社会主义初级阶段下不同时期的社会主要矛盾，是共享发展理念的使命担当。作为中国特色社会主义政治经济学的重要分析工具，中国特色社会主义政治经济学利益分析方法为我们把握新时代社会主要矛盾转变动因提供了有效途径。

党的十一届三中全会总结正反两方面历史经验，做出了把工作重点转移到社会主义现代化建设上的战略决策。在此基础上，党的十一届六中全会通过的《关于建国以来党的若干历史问题的决议》深刻指出，“在社会主义改造基本完成以后，我国所要解决的主要矛盾，是人民日益增长的物质文化需要同落后的社会生产之间的矛盾”[①]，完成了对阶级斗争是社会主要矛盾这一误判的历史性纠偏。在利益视域下，社会主要矛盾的这次重新定位，不仅体现出对物质利益、经济利益的正视与尊重，而且扭转了脱离生产力发展而过分强调利益均等，认为利益均等就是利益均衡的错误倾向。在这段改革开放的历史转折时期，过去不断蓄积的利益失衡问题突出表现为过分强调利益群体之间平等而造成利益创造动力不足，使得全社会利益享有与利益创造之间的总量性矛盾生成并不断加剧，既阻碍了经济发展，又破坏了社会稳定。此时的改革，就是要通过重大利益关系调整来充分释放全社会压抑已久的利益创造动力，重启社会主义发展与稳定局面，从而在统筹推进改革发展稳定的进程中实现利益格局再平衡。

通过改革开放之初社会主要矛盾的重新定位，我们牢牢抓住了经济建设这个中心，使得社会生产力水平总体上显著提高，并不断满足人民群众日益增长的物质文化需要。在此基础上，利益享有与利益创造之间的总量性矛盾逐渐消弭。但是，随着中国特色社会主义进入新的历史阶段，人民群众不仅对物质文化层面的利益实现提出了更高要求，而且在民主、法治、公平、正

① 中国共产党中央委员会关于建国以来党的若干历史问题的决议［M］. 北京：人民出版社，1981：54.

义、安全、环境等方面的利益诉求也日益强烈，汇集成为日益增长的美好生活需要。马克思认为的美好生活，就是一种能够实现自我的生活①。在这种实现自我的生活中，人民利益将得到更加全面的实现，社会主义共同利益将得到更加有效的强化，利益享有与利益创造将在更高水平上达到统一。

然而，如邓小平同志所说，“过去我们讲先发展起来。现在看，发展起来以后的问题不比不发展时少”②。这些“发展起来以后的问题”，集中表现为经济旧常态下积累形成的发展不平衡不充分问题。在不平衡不充分的发展中，人民内部各利益群体之间出现了显著的利益分化，彼此利益矛盾也日益突出，这就使得利益享有与利益创造之间结构性矛盾不断激化，生成新的利益失衡态势。这种由利益结构性矛盾激化而生成的利益失衡，集中表现为社会主义共同利益与特殊利益的关系失衡，伴随的是既得利益与预期利益矛盾、短期利益与长远利益矛盾、局部利益与整体利益矛盾、内部利益与外部利益矛盾以及独占利益与共享利益矛盾的不断加剧，从而导致在现实中形成不利于经济发展与社会稳定的新的利益瓶颈。显然，在此态势下，发展的不平衡不充分已经成为满足人民群众日益增长的美好生活需要的主要制约因素。

因此，经济发展旧常态导致新的利益结构性矛盾形成和新的利益失衡的出现，成为新时代我国社会主要矛盾转变的内在动因，促使新时代我国社会主要矛盾转化为人民日益增长的美好生活需要和不平衡不充分的发展之间的矛盾。相较于改革开放之初的利益失衡，当前新的利益失衡不再是由利益总量性矛盾激化形成，而是由利益结构性矛盾激化形成。与此同时，新时代我国社会主要矛盾，又为中国特色社会主义政治经济学提出了新的命题。着力破解新时代我国社会主要矛盾，应牢牢抓住这一矛盾的主要方面，积极解决发展不平衡不充分问题，大力提升发展质量和效益。这就要求我们遵循利益格局演进的基本路径，通过继续实施稳中求进的改革战略，推动利益格局向新均衡演进。因此，在深化改革中应坚持以人民利益为中心，更好地实现各

---

① 埃尔斯特．分析的马克思主义［J］．经济社会体制比较，1988（5）：60－64.

② 中共中央文献研究室．邓小平年谱：1975—1997（下）［M］．北京：中央文献出版社，2007：1364.

利益群体之间的利益共创共享，进一步夯实社会主义共同利益，不断消弭利益创造与利益享有的结构性矛盾，不仅实现利益格局新的均衡，而且“准确把握改革发展稳定的平衡点”①，使得改革、发展与稳定在新的阶段、更高的层次上取得统一。

3.3 本章小结

在历史唯物主义看来，理论是在思想上反映出来的时代内容。“创新、协调、绿色、开放、共享”新发展理念，作为习近平新时代中国特色社会主义经济思想的精髓要义，是中国特色社会主义政治经济学的重要拓展，充分体现了新时期我们党对经济社会发展规律的新认识，充分体现了中国特色社会主义政治经济学的新拓展和新高度。具体而言，新发展理念体现了中国特色社会主义政治经济学的重大原则，即坚持解放和发展生产力原则、坚持人民利益至上原则、坚持走共同富裕道路原则、坚持完善社会主义市场经济体制原则、坚持统筹兼顾原则。同时，新发展理念体现了中国特色社会主义政治经济学的建设性内涵，即全面把握创新发展以激发新时期发展新动能，不断增强发展均衡性以构筑协调发展新格局，大力推进绿色发展以促进人与自然和谐共生，持续提升开放发展水平以发展更高层次开放型经济，加快补齐民生短板以谱写利益共享新篇章。另外，新发展理念遵循了中国特色社会主义政治经济学视域下的改革逻辑。在中国特色社会主义政治经济学视域下，改革遵循的是历史唯物主义的逻辑。新发展理念遵循的改革逻辑仍然是不断调整生产关系以适应生产力发展，不断完善上层建筑以适应经济基础发展，在此基础上推进经济社会发展。总之，当前破解我国发展新难题，厚植发展新优势，开拓发展新境界，都离不开新发展理念的科学指导。只有坚决践行新发展理念，积极推动这场关系我国发展全局的深刻变革，才能适应和引领新

---

① 习近平主持召开经济形势专家座谈会强调 更好认识和遵循经济发展规律 推动我国经济持续健康发展［N］. 人民日报，2014－07－09（01）.

常态，才能抓住和用好我国发展的重要战略机遇期，才能确保如期实现全面建成小康社会的宏伟目标。

更重要的是，在“创新、协调、绿色、开放、共享”新发展理念中，共享发展理念又是新发展理念的最终落脚点，因此在整个中国特色社会主义政治经济学理论体系中占据显要的理论方位。借助中国特色社会主义政治经济学利益分析方法可以发现，经济发展旧常态导致新的利益结构性矛盾形成和新的利益失衡出现，是新时代我国社会主要矛盾转变的内在动因，促使新时代我国社会主要矛盾转化为人民日益增长的美好生活需要和不平衡不充分的发展之间的矛盾。我们知道，社会主义初级阶段利益格局总是呈现出“均衡—失衡—变革—新均衡”的演进路径。这一演进路径不断展开的过程，正是我们在中国特色社会主义经济建设中不断突破不同时期利益失衡造成的利益瓶颈，在利益关系不断变革中实现利益格局一次次稳态跃升的过程。毋庸置疑，当下如何准确定位以及着力破解社会主义初级阶段下不同时期的社会主要矛盾，是共享发展理念的使命担当。正因如此，共享发展理念作为破解新时代我国社会主要矛盾的理论重器，是中国特色社会主义政治经济学理论体系的重要构成。

第4章　共享发展理念的现实叩问：经济发展常态变迁背后的利益共享困局

从经济发展旧常态到经济发展新常态，构成了共享发展理念的重要现实背景。对这一现实背景予以深层叩问，要求我们基于利益分析方法的“利益—发展”常态变迁规律，准确理解中国经济发展的常态变迁。在此基础上，紧扣“创新、协调、绿色、开放、共享”新发展理念，结合既得利益与预期利益之间矛盾、短期利益与长远利益之间矛盾、局部利益与整体利益之间矛盾、内部利益与外部利益之间矛盾、独占利益与共享利益之间矛盾等利益关系矛盾分析，把握经济发展旧常态背后的利益格局反常态，以之探究经济发展常态变迁背后的利益共享困局。

4.1　中国经济发展的常态变迁

近年来，西方国家经济危机的爆发，已经宣告它们经济发展的“旧常态”无法持续。因此，西方国家希冀通过变革走出危机，进入自身发展的“新常态”。这既是现实所迫，又是规律所致。在2010年的第40届达沃斯世界经济论坛上，美国太平洋基金管理公司总裁穆罕默德·埃里安（Mohamed El-Erian）使用“新常态”一词，描述世界经济在危机后面临的全新的常态。此后，西方商界、学界以及舆论界开始频繁使用“新常态”范畴。然而，这种在所谓“后危机时代”语境下提出的“新常态”，与当前我国在“全面深化改革”语境下提出的“新常态”之间，有着各自截然不同的内涵、目的和实现路径，切不可混为一谈。因此，对于如何做到“认识新常态，适应新常态，引领新常态”①，我们没有可供借鉴的经验和范本，只能在全面深化改革的进程中不断探索。具体而言，需要我们深入剖析我国经济发展的“旧常态”，探究“旧常态”不可持续的制约因素和“新常态”的内在要求，准确把握当前和今后一段时期我国经济发展的大逻辑。

正如习近平同志所说，“改革是一场深刻的革命，涉及重大利益关系调整”②。改革开放以来，对利益关系产生重大影响的改革主要有如下几个方面：

（1）家庭联产承包责任制逐渐取代了之前的人民公社制；以农户家庭为单位的个体性生产代替了以人民公社和生产队为单位的集体性生产。

（2）党的十二届三中全会上提出了“社会主义有计划的商品经济”的新理论，传统的计划经济体制慢慢走进历史；作为社会资源新的配置方式，市场经济体制逐渐建立并不断巩固。

（3）由之前单一的公有制逐渐转变为以公有制经济为主体、多种经济成分共同发展，私有经济得到了前所未有的发展，公有制实现形式发生新的变化。

（4）按劳分配的单一式分配制度被“以按劳分配为主体、多种分配方式并存”的混合分配制度取代，为打破平均主义，差异化的分配调整得到鼓励和推行。

显然，这些重大改革顺应了各群体的利益要求，扭转了改革开放前经济社会发展的反常态，使得中国经济进入改革开放后的常态发展阶段。作为这一发展常态的首要特征，中国经济呈现出高速稳态增长。按照 1978 年的不变价格计算，1982～1991 年我国 GDP 年均增长 9.8%，1992～2001 年 GDP 年均增长 10.2%，2001～2011 年 GDP 年均增长 10.7%③（见图 4.1）。

前后跨越 30 多年的常态阶段，不免让身在其中的人们产生常态会一直保持且必须保持的错觉。围绕这种错觉，不少学者进行了理论证明。比如，有

① 中央经济工作会议在北京举行［N］. 人民日报，2014－12－12.

② 习近平. 深化改革开放，共创美好亚太［N］. 人民日报，2013－10－08.

③ 陆学艺，李培林，陈光金. 2013 年中国社会形势分析与预测［M］. 北京：社会科学文献出版社，2012：2.

学者先是推测“未来20年中国有潜力以每年8%的速度增长”，还有学者将经济发展比作骑自行车，阐述“骑得快车子反倒稳，慢就晃，停就倒”的“自行车理论”①，为经济高速增长的必要性进行辩护。在这些学者看来，以稳定不变的增速发展是最好的，是必需的。然而，这恰恰体现的是中庸哲学指导下的经济发展观，沿袭着中庸哲学固有的硬伤，即“反对质变，反对新事物替代旧事物，永远保持事物的所谓‘常态’”②。

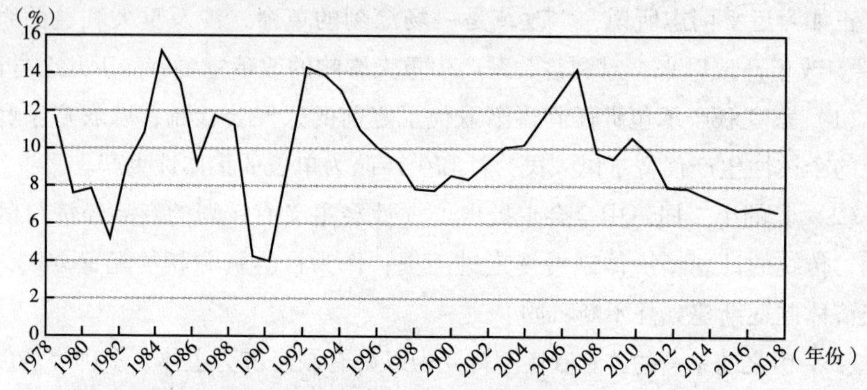

图 4.1　1978～2017 年 GDP 年均增速

资料来源：《中国统计年鉴 2018》及《中华人民共和国国民经济和社会发展统计公报（2019）》。

习近平同志在强调坚持运用辩证唯物主义世界观方法论时指出，要“坚持发展地而不是静止地、全面地而不是片面地、系统地而不是零散地、普遍联系地而不是单一孤立地观察事物”③。以辩证唯物主义的视角看待经济发展，可以知道，任何经济体不可能拥有永久持续的高速增长，也不可能拥有永恒不变的发展常态。欧美国家在经历了战后“黄金发展周期”之后，纷纷在20世纪70年代进入了“经济滞胀”期；而日本在实现经济崛起之后，从20世纪90年代开始进入了“失去的二十年”④。1978～2011年的30多年，中国一直保持着10%左右的高速经济增长，这已经是世界发展史上的奇迹。但是，

① 郑权．听厉以宁讲经济［M］．合肥：安徽人民出版社，2012：97.

② 刘世铨．西欧哲学史讲话［M］．北京：人民出版社，1974：37.

③ 习近平在中共中央政治局第二十次集体学习时强调　坚持运用辩证唯物主义世界观方法论提高解决我国改革发展基本问题本领［N］．人民日报，2015-01-25（01）.

④ 李巍．改革才能突破体制的极限［N］．学习时报，2013-09-23（04）.

作为不争的事实，根据中国统计局数据，2012 年和 2013 年我国 GDP 增长 7.7%，2014 年为7.4%，中国经济已经告别了过去30 多年的发展常态，转向中高速增长。在这样的现实背景下，正确认识30 多年的常态阶段，需要我们深入认识利益格局与经济发展之间的辩证关联，把握利益格局演变现状、特征以及对经济发展的深刻影响。正如恩格斯所说，“一切社会变迁和政治变革的终极原因，不应当到人们的头脑中，到人们对永恒的真理和正义的日益增进的认识中去寻找，而应当到生产方式和交换方式的变更中去寻找”①。同时，利益格局变迁深刻反映着“生产方式和交换方式的变更”。因此，只有深入利益层面，我们才能理解已经持续30 余年的经济发展常态何以不能继续，成为旧常态，也才能理解我们将适应的是何种新常态，如何适应新常态。结合现实我们可以发现，在30 多年经济高速增长的常态中，利益格局已经演变为反常态。

4.2　经济发展旧常态背后的利益格局反常态

1978 年以来，我国始终坚持以经济建设为中心，不断解放和发展社会生产力，国内生产总值由1978 年的3679 亿元增长到2017 年的82.7 万亿元，年均实际增长9.5%，远高于同期世界经济2.9%左右的年均增速。我国国内生产总值占世界生产总值的比重由改革开放之初的1.8%上升到2017 年的15.2%，多年来对世界经济增长贡献率超过30%。我国主要农产品产量跃居世界前列，建立了全世界最完整的现代工业体系，科技创新和重大工程不断取得新突破。在此基础上，我国已经成为世界第二大经济体、制造业第一大国、货物贸易第一大国，外汇储备连续多年位居世界第一。而且，2017 年，全国居民人均可支配收入由171 元增加到2.6 万元，中等收入群体持续扩大。我国贫困人口累计减少7.4 亿人，贫困发生率下降94.4 个百分点，谱写了人类反贫困史上的辉煌篇章。九年义务教育巩固率达93.8%，基本养老保险覆盖超过9 亿人，

① 马克思恩格斯全集（第20卷）[M]. 北京：人民出版社，1971：292.

医疗保险覆盖超过13亿人，常住人口城镇化率达到58.52%，上升40.6个百分点，居民预期寿命也由1981年的67.8岁提高到了2017年的76.7岁①。

在取得这些经济社会发展成就的同时，不容置疑的是，我国仍然并长期处于社会主义初级阶段，物的依赖性以及非自愿分工都客观存在。这就使得利益关系格局依旧面临着多维度的矛盾体系，其中包括既得利益与预期利益的矛盾、短期利益与长远利益的矛盾、局部利益与整体利益的矛盾、内部利益与外部利益的矛盾、独占利益与共享利益的矛盾等。正是这个矛盾体系的整体失衡，引发了新的利益问题。这样的利益格局显然难以被社会各群体接受和认可，并且对生产积极性和社会稳定性产生不利影响。在这样的利益格局下，“牵动面广、耦合性强的深层次矛盾”不断凸显，使得“加快转变经济发展方式、调整经济结构”② 迫在眉睫。具体而言，在当前历史新阶段，科技创新不足、协调统筹不够、生态保护不力、内外联动不强、社会分配不公等新的发展问题，正是反常态的利益格局所引致的。可以说，利益格局的反常态破坏了30多年来中国经济发展常态，使得后者无法持续，成为了历史的、旧的常态。

4.2.1 科技创新不足

当前我国面临的科技创新不足问题，已经在实体经济领域突出地表现出来，突出表现为利益格局反常态下的既得利益与预期利益关系失衡。按照国家统计局数据计算，2015年我国81%的规模以上工业企业没有研究与试验发展活动，规模以上工业企业研发经费支出占销售总额的比重仅为0.91%，远低于发达国家2.5%~4.0%的水平（见图4.2）。实体经济创新乏力，难以提升核心竞争力，使得自身陷入持续低迷的境地。于是，面对人民群众更多高质量产品和服务的需求，实体经济供给侧难以实现有效供给。深入利益层面，

① 本段资料来自：习近平在庆祝改革开放40周年大会上的讲话［N］. 人民日报，2018-12-19（02）.

② 习近平在中共中央政治局第二十次集体学习时强调 坚持运用辩证唯物主义世界观方法论提高解决我国改革发展基本问题本领［N］. 人民日报，2015-01-25（01）.

这一发展问题的潜在逻辑是既得利益与预期利益关系失衡。我们知道，创新的对立面是保守，而保守正是既得利益的显著特征。这是因为既得利益总会尽力维护既定的利益获取方式，从而拒绝变革和创新。长期以来，我国实体经济过度依靠廉价劳动力来保持低成本优势，表现出明显的路径依赖。在此情况下，企业只注重既得利益，并通过控制薪资水平、增加劳动强度等方式维护和巩固既得利益，而忽视发展潜能培育和预期利益获取。于是，在劳动力的“资源诅咒”下，创新动力和创新能力受到抑制和削弱，不仅使得我国实体经济整体上长期处于全球生产链中低端，而且使得经济社会发展的内在动力不足。

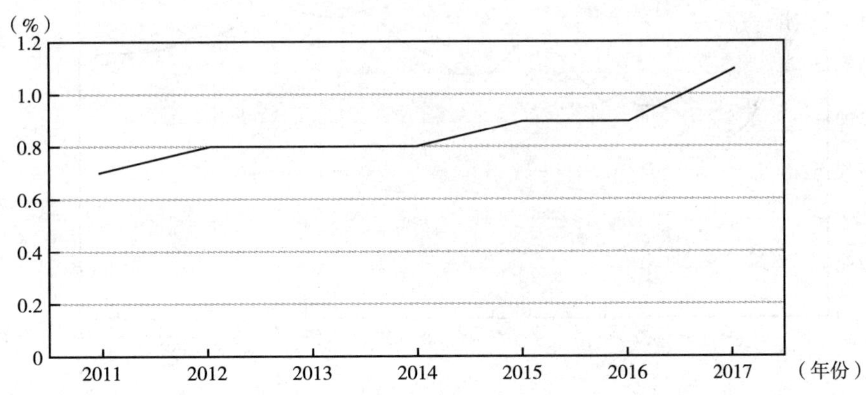

图 4.2　规模以上工业企业研发经费支出占销售总额的比重

资料来源：《中国统计年鉴 2018》。

4.2.2　协调统筹不够

当前我国面临的协调统筹不够问题，主要表现在区域之间与城乡之间，体现为利益格局反常态下的局部利益与整体利益关系失衡。一方面，虽然区域发展总体战略实施使得我国区域发展协调性有了明显增强，但是区域发展不协调问题并未得到根本解决，区域发展差距过大、区域分工不合理等问题依旧严重。比如，长江经济带横贯东、中、西三大区域，所覆盖的 11 个省市之间不仅发展差异巨大，而且区域分工不合理，突出表现为产业布局同质化和市场割据造成的恶性竞争和重复建设问题。另一方面，当前我国城乡“二元结构”特征仍然明显，城乡差距问题客观存在。根据《中国统计年鉴2018》数据显示，自进入21世纪以来，我国城乡居民人均收入倍差均超过2.5（见图4.3），而欧美发达国家人均收入倍差普遍为1.5左右。区域不协调和城乡难统筹的背后，是局部利益与整体利益关系失衡。具体而言，在区域之间、城乡之间，处于占优地位的局部利益存在着自我强化的冲动，主动挤占超出自身应有份额的各类资源，导致区域之间、城乡之间的利益耦合性遭受破坏，进而使得区域协调发展和城乡统筹发展的整体利益难以实现。

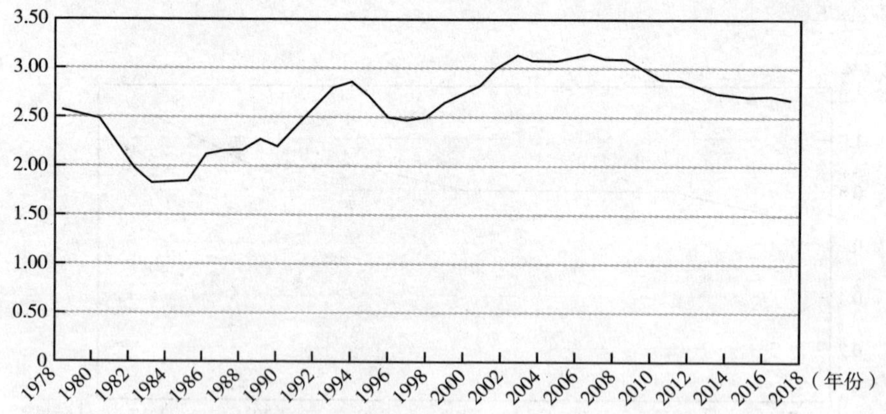

图4.3　1978~2017年城乡居民人均收入比

注：由于统计口径变化，1978~2012年采用农村居民人均纯收入和城镇居民人均可支配收入，2013~2018年城乡居民收入均采用可支配收入。

资料来源：《中国统计年鉴2018》及《中华人民共和国国民经济和社会发展统计公报（2019）》。

4.2.3　生态保护不力

1978年以来，我国的经济建设取得了巨大成就。但是，粗放型经济增长方式使得我国生态环境不断恶化，表现为利益格局反常态下的短期利益与长远利益关系失衡，使得大气、水、土壤等环境问题日益严重。在大气环境问题方面，2015年，全国338个地级以上城市中，只有73个城市环境空气质量达标，环境空气质量超标的城市高达265个，占78.4%；在水环境问题方面，

2015年，全国967个地表水国控断面开展的水质监测显示，已经丧失基本生态功能的劣五类水占比为8.8%[①]；在土壤环境问题方面，根据第一次全国水利普查水土保持情况普查结果，我国现有土壤侵蚀总面积294.91万平方公里，占普查范围总面积的31.12%[②]。我们知道，生态环境保护的背后是长远利益与短期利益的角力。当前我们面临的生态环境恶化问题，正是片面追求短期利益，不顾长远利益的结果，反映了短期利益与长远利益关系失衡。具体而言，企业在最大化利润导向下，为获取短期利益，满负荷或超负荷开发利用自然资源，甚至对生态环境进行破坏和污染；不少地方政府在地区生产总值导向下不顾长远利益，对高耗能、高污染、高排放企业姑息纵容，不惜以资源枯竭、生态破坏为代价换取经济增长的政绩。

4.2.4　内外联动不强

当前我国对外开放水平总体不高，突出表现为对外开放的内外联动性不强，体现出利益格局反常态下的内部利益与外部利益关系失衡。在过去很长一段时期，“两头在外，大进大出”的出口导向型发展模式对我国经济发展起到了积极推动作用。但与此同时，这一模式也导致我国对外依存度不断攀高，使得经济发展过度依赖外需拉动。2008年国际金融危机之前，我国外贸依存度不断攀高，其中2006年一度达到67%的峰值（见图4.4）。然而，由于内外联动性不强，在当前全球总需求不振、贸易保护主义升温的现实背景下，我国对外开放的动力不足已现端倪。从国家统计局数据来看，我国货物进出口总额在2015年、2016年已经连续两年下降，这是最近20年来从未出现过的情况。内外联动不强问题，反映出对外开放中的内部利益与外部利益关系失衡，即在追求外部利益的同时，没有充分兼顾内部利益。这表现在：一方面，对外开放让我们在对外经济交往中直接获取了丰厚的经济利益；另一方面，对外开放对国内区域发展格局优化、产能转型升级、企业提质增效等经

① 2015年中国环境状况公报（摘录）[J]. 环境保护，2016（11）：43－51.

② 第一次全国水利普查水土保持情况公报［J］. 中国水土保持，2013（10）：2－3，11.

济内部良性调整的助益明显不够。于是，国内国际两个大局未能得到有效统筹，国际国内两个市场、两种资源的联动效应也未能得到充分发挥。

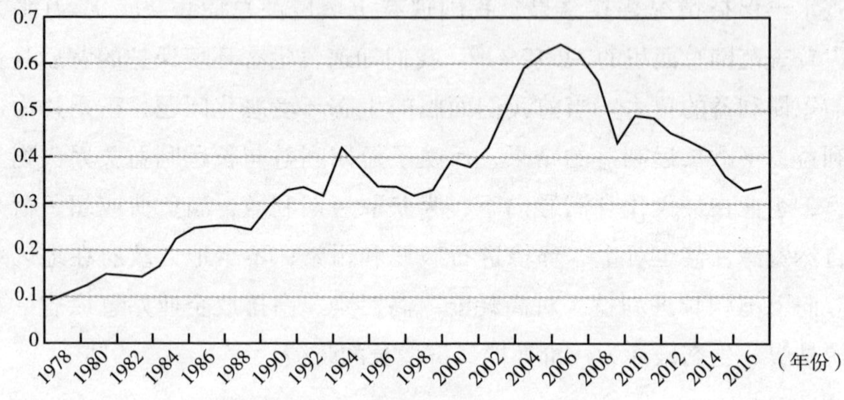

图 4.4　1978～2017 年外贸依存度

资料来源：《中国统计年鉴 2018》。

4.2.5　社会分配不公

随着改革开放的不断推进，我国社会分配不公问题日益严峻，体现为利益格局反常态下的独占利益与共享利益关系失衡，导致贫富差距过大。国家统计局数据显示，2003 年以来，每年基尼系数均在 0.46 以上，超出 0.4 的国际警戒线；2016 年基尼系数为 0.465，较 2015 年提升了 0.003（见图 4.5）。另外，北京大学发布的《中国民生发展报告（2016）》基于 CFPS 2012、CFPS 2014 调查数据得出，2014 年我国家庭财产基尼系数达到 0.7，顶端 1% 的家庭拥有全国总财产的 29.7%，顶端 5% 的家庭拥有财产比例达到 46.6%，而底端 25% 的家庭财产拥有比例不到 1%；相较 2012 年，2014 年顶端极富家庭和底端贫穷家庭的财产差距进一步扩大，90/10 比率（排名在 90% 分位数上的家庭财产与在 10% 分位数上的家庭财产之比）从 32.9 倍上升至 53.7 倍①。社会分配不公以及贫富差距过大，都是独占利益与共享利益关系失衡的具体表

① 谢宇等．中国民生发展报告（2016）［M］．北京：北京大学出版社，2017：50－52.

征。改革开放给全社会带来的丰厚改革红利，本应被全体社会成员共同享有，从而使得共享利益得以实现。但是，现实中独占利益的过度膨胀，导致改革红利的分配不公和社会财富的极化效应发生，极大地阻碍了共享利益的实现。

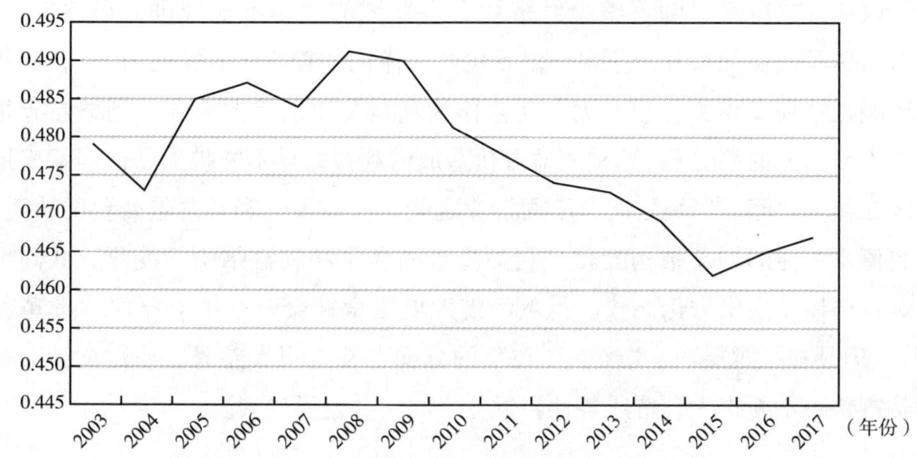

图 4.5　近年来国家统计局公布的基尼系数

资料来源：《中国住户调查年鉴 2018》。

4.3　利益共享困局成为利益格局反常态的最集中体现

正如马克思所说，利益是没有记忆的，因为它只考虑自己①。在现实中，利益就其本性而言往往表现出短视的、片面的、无节制的②。显然，反常态的利益格局难以被社会各群体接受和认可。其中，最集中体现为利益差异过大、利益流动受阻以及利益关系失衡所导致的利益共享困局，直接对生产积极性和社会稳定性产生不利影响，成为影响中国经济社会发展的“阿喀琉斯之踵”。具体而言，这主要体现在以下几个方面。

---

① 马克思恩格斯全集（第 1 卷）[M]. 北京：人民出版社，1956：270.

② 理查德·斯威德伯格. 作为一个社会科学概念的利益 [J]. 国外理论动态，2013（8）：46 - 56.

4.3.1 利益分化造成利益差距过大

改革开放以来，随着整个经济社会多领域的改革不断推进，利益主体、利益来源及利益关系分别呈现出多元化、多样化、复杂化的发展态势①，使得我国利益格局发生大调整、大分化。作为利益分化的重要表现，利益差异呈现出不断扩大的趋势②。这种利益分化造成的利益差异不断扩大，已经显著地体现在城乡之间、区域之间、不同行业之间。可以说，利益总量变化的背后，是更值得关注的利益结构变化。利益总量的变化和利益结构的变化，共同推动利益格局呈现出分化态势。虽然经济发展给全社会带来了丰厚的“改革红利”，但是在微观层面，“改革红利”的分配存在着很大差异，使得全社会整体贫富差距不断扩大，造成各社会群体之间利益差异过大。

4.3.2 利益固化造成利益流动受阻

利益固化往往以利益分化为基础，是分化的利益的各自凝固。利益分化通常会加速利益群体流动，既包括群体从上向下的沉淀，也包括群体从下向上的流动。熊彼特曾举过一个旅馆的例子，他说过，既有的社会结构就像一个旅馆，旅馆总是要住人的，但是，居住在旅馆客房的人却总是流动的，不同的人都可能住在一个高档的客房或低档的客房里。但是，利益固化的过程却使得纵向流动渠道阻滞，极大削弱向上流动性。近些年来，我国已经呈现出利益不断固化的趋势。我们不仅面临着贫富悬殊的问题，而且还面临着更令人深思的“穷者恒穷，富者恒富”的问题。同时，作为利益固化的具体体现，社会阶层固化问题也日益突出。一方面，弱势阶层面临向上流动困境，难以改变自身在利益格局和社会分层中的劣势地位；另一方面，强势阶层则凭借自身已获得的各类资源，极力地维护既得利益，强化现有利益格局，不

① 洪远朋．社会利益关系演进论［M］．上海：复旦大学出版社，2006：292.

② 赵磊．论当前改革中的利益失衡［J］．哲学研究，1998（11）：24－29.

断巩固和加强自身在利益格局和社会分层中的优势地位。于是，利益的代际更替被破坏，身份的代际遗传显现。“穷二代”“农民工二代”依旧生存在社会的底层；“富二代”“官二代”依旧如父辈一样处于社会的上层。

4.3.3　利益错位造成利益格局失衡

当前我国还处在社会主义初级阶段，物的依赖关系以及非自愿分工都客观存在于经济社会各领域，使得利益矛盾特别是共同利益和特殊利益之间的矛盾依旧存在[①]。一般而言，共同利益作为“共同利益—特殊利益”矛盾的主要方面和整个利益关系体系的“重心”，通过有效整合各类特殊利益来实现利益关系体系的均衡和稳定。然而，改革开放以来，随着资本的合法化以及权力的资本化，代表资本和权力的特殊利益在市场经济的大环境中不断取得“自觉”意识，试图摆脱对共同利益的服从。在现实中，这些不断显现和强化的特殊利益不再甘于被主导、被制约的地位，而是对共同利益进行“倒逼”，使得共同利益与特殊利益出现“错位”。在这种利益错位的情况下，共同利益难以体现出矛盾主要方面的地位，特殊利益却在很大程度上主导着矛盾的发展。于是，利益关系发生“重心偏离”，出现失衡。作为这种失衡的最突出体现，在当前的民生各领域，一方面是私人资本获取了资本收益，权力攫取了“寻租”回报，两者都取得了自身特殊利益；另一方面是广大人民群众的共同利益难以实现，必须面对上学难、看病难、收入少、养老难、住房难等一系列民生难题。

4.4　案例分析：利益共享视域下的长江经济带高质量发展

长江经济带作为典型的流域经济，是现阶段中国经济实力最强且最具发

① 易淼，赵磊．我国住房问题的症结与公租房建设［J］．马克思主义研究，2012（5）：47－54，159.

展潜力的经济带，在我国经济发展中具有极为重要的战略地位。习近平同志指出，“推动长江经济带发展是党中央作出的重大决策，是关系国家发展全局的重大战略，对实现‘两个一百年’奋斗目标、实现中华民族伟大复兴的中国梦具有重要意义”，并且要求将长江经济带建设成为“引领我国经济高质量发展的生力军”①。在新时代，推进长江经济带高质量发展是中国特色社会主义流域经济研究的一项重要命题，迫切需要马克思主义政治经济学的理论支撑。

4.4.1 流域分工的“共同利益—特殊利益”逻辑

所谓流域，是指一个水系的干流和支流所流过的整个地域，它在构成自然空间的同时，又会因人类活动的涉足而铺陈为经济社会空间。作为社会分工在流域的空间体现，流域分工指的是同一水系所涉及的各区域根据自身物质生产活动所具备的优势，在彼此之间进行专门化生产。在此基础上，从马克思分工思想出发探讨流域分工的理论内涵，进而厘清流域分工的“共同利益—特殊利益”逻辑，不仅能够展现出马克思分工理论的穿透力和拓展力，而且能够为长江经济带高质量发展研究提供重要的理论支撑。

1. 自然条件差异催生流域分工形成

流域分工形成的自然基础，是流域内部各地域之间自然条件的差异性。在马克思看来，“不是土壤的绝对肥力，而是它的差异性和它的自然产品的多样性，形成社会分工的自然基础，并且通过人所处的自然环境的变化，促使他们自己的需要、能力、劳动资料和劳动方式趋于多样化”②。因此，按照马克思的观点，作为社会分工在流域的空间体现，流域分工形成的自然基础是流域内部各地域之间自然条件的差异性。以四大古文明为例，中国的长江流域和黄河流域、古印度的恒河流域、古埃及的尼罗河流域以及古巴比伦的两河（底格里斯河和幼发拉底河）流域等各大流域，无不因幅员辽阔，且内部

① 习近平．在深入推动长江经济带发展座谈会上的讲话［N］．人民日报，2018－06－14（02）．

② 马克思恩格斯全集（第44卷）［M］．北京：人民出版社，2001：587．

各地域之间在地形地貌、地质土壤、水系河网等自然条件方面呈现出显著差异性，造就了发达的流域分工体系。

同时，马克思明确指出，“社会分工是由原来不同而又互不依赖的生产领域之间的交换产生的”[①]。因此，流域内部各地域之间自然条件的差异性，为流域分工形成提供了双重条件。一方面，自然条件的差异性决定了各地域作为“不同的共同体”，“在各自的自然环境中，找到不同的生产资料和不同的生活资料”，从而使得“它们的生产方式、生活方式和产品，也就各不相同”；另一方面，自然条件的差异性决定了各地域之间“这种自然的差别，在共同体互相接触时引起了产品的互相交换”[②]。因此，按照马克思的逻辑，基于自然条件差异性，流域内部“原来不同而又互不依赖的”各地域之间发生“交换”，进而使得社会分工在流域内部各地域之间产生，形成流域分工。

2. 流域分工的“共同利益—特殊利益”逻辑

亚当·斯密认为，“人类智慧预见到分工会产生普遍富裕并想利用它来实现普遍富裕”[③]。但是，在马克思看来，分工不仅不能保证“普遍富裕”的共同利益实现，而且还会造成特殊利益与共同利益之间矛盾的生成。马克思指出，“随着分工的发展也产生了单个人的利益或单个家庭的利益与所有互相交往的个人的共同利益之间的矛盾；而且这种共同利益不是仅仅作为一种‘普遍的东西’存在于观念之中，而首先是作为彼此有了分工的个人之间的相互依存关系存在于现实之中”[④]。因此，包括流域分工在内的各类分工，在其发展中都将产生出共同利益与特殊利益的矛盾。而且，马克思认为，分工能够发挥出两种效应，即利益创造方面的激励效应和利益享有方面的分化效应[⑤]。这两种效应对利益关系格局产生叠加影响，推动共同利益与特殊利益之间矛盾的演变。

---

① 马克思恩格斯全集（第 44 卷）[M]. 北京：人民出版社，2001：408.

② 马克思恩格斯全集（第 44 卷）[M]. 北京：人民出版社，2001：407.

③ 亚当·斯密. 国民财富的性质和原因的研究 [M]. 郭大力，王亚南，译. 北京：商务印书馆，2002：12.

④ 马克思恩格斯选集（第 1 卷）[M]. 北京：人民出版社，1995：84.

⑤ 易淼. 新时代中国收入分配体系建设初探——基于马克思“分工—利益—分配”的逻辑 [J]. 教学与研究，2018（9）：30－37.

同时，流域分工并不特属于某一个社会形态。这正如马克思所说，“整个社会内的分工，不论是否以商品交换为中介，是各种经济的社会形态所共有的”[①]。但是，在不同的社会形态下，流域分工中劳动者和生产资料结合的特殊方式和方法又各有不同。这是因为，“分工和私有制是相等的表达方式，对同一件事情，一个是就活动而言，另一个是就活动的产品而言”[②]，“分工发展的各个不同阶段，同时也就是所有制的各种不同形式。这就是说，分工的每一个阶段还决定个人的与劳动材料、劳动工具和劳动产品有关的相互关系”[③]。特别是在资本主义私有制下，分工遭受着资本的裹挟，其日益凸显的分化效应不断阻抑激励效应的发挥。于是，马克思深刻指出，资本主义“虚幻的共同利益”始终受到特殊利益真实的抗争[④]。由此可见，对于流域分工而言，如果整个流域经济发展的共同利益与内部滋生的特殊利益之间的矛盾不断激化，势必将造成流域经济的利益关系错位与失衡。

4.4.2 “共同利益—特殊利益”矛盾引致长江经济带发展问题

1978 年以来，特别是党的十八大以来，长江经济带得到了长足发展。据统计，长江经济带地区生产总值从 1978 年的 1516.70 亿元增长至 2017 年的 37.38 万亿元，增长了 246.46 倍；2017 年的地区生产总值占全国的比重为 43.70%[⑤]。长江经济带的产业结构也在不断提升，从三次产业增加值结构看，第一、第二、第三产业比重从 1978 年的 32.6：48.7：18.7 演变为 2017 年的 7.5：42.5：50.0。同时，长江经济带城市化率不断提高，2017 年达到 58.59%。到 2017 年底，全国有 14 个城市的地区产值超过 1 万亿元，其中有

---

① 马克思恩格斯全集（第 44 卷）［M］. 北京：人民出版社，2001：415.

② 马克思恩格斯选集（第 1 卷）［M］. 北京：人民出版社，1995：84.

③ 马克思恩格斯选集（第 1 卷）［M］. 北京：人民出版社，1995：68.

④ 马克思恩格斯选集（第 1 卷）［M］. 北京：人民出版社，1995：85.

⑤ 孙久文，张静. 长江经济带发展的时空演变与发展建议［J］. 政治经济学评论，2019，10（1）：151 – 171.

9 个分布在长江经济带[①]。按照马克思主义的观点，正是长江流域分工在利益创造方面的激励效应发挥，推动了长江经济带的发展繁荣。同时，长江流域分工又发挥出利益享有方面的分化效应。这两种效应的共同作用，推动着长江经济带共同利益与特殊利益之间矛盾的演变。然而，在现实发展中，面对长江经济带发展的共同利益，特殊利益总是呈现为单个地域"所追求的仅仅是自己的特殊的、对他们来说是同他们的共同利益不相符合的利益"[②]。这些特殊利益不断强化，阻碍了长江经济带共同利益的实现，使得共同利益与特殊利益的矛盾在长江经济带发展中的局部领域不断凸显，并引致出一系列发展不平衡不充分问题。

具体而言，这些问题主要包括：

（1）生态环境问题。长江经济带虽然历经多年建设，但是传统发展方式仍未根本转变，生态环境形势严峻。长江流域每年接纳废水量占全国的 1/3，部分支流水质较差，湖库富营养化未得到有效控制，中下游湖泊、湿地功能退化，水生生物多样性指数持续下降[③]。

（2）产业同构问题。正如习近平同志所指出的，"长江经济带发展无序低效竞争、产业同构等问题仍然非常突出，一些地方在实际工作中出现圈地盘、抢资源、条块分割、无序竞争的情况，还存在抢占发展资源、缺乏协作精神、破坏产业链条的连接和延伸等问题"[④]。长江经济带上、中、下游各地域产业同构问题十分突出，不仅造成地域之间重复建设和恶性竞争，而且加重相关产业的产能过剩，导致长江经济带结构性矛盾加剧。

（3）发展不协调问题。长江经济带东、中、西部地区无论在经济实力、城市化、产业结构还是创新方面，均呈现较明显的梯度差异。以人均生产总值的三大地区差距为例，2017 年长江经济带东部与中部、东部与西部、中部

① 孙久文，张静．长江经济带发展的时空演变与发展建议［J］．政治经济学评论，2019，10（1）：151－171.

② 马克思恩格斯选集（第 1 卷）［M］．北京：人民出版社，1995：85.

③ 长江经济带生态环境保护规划［EB/OL］．http：//www.mee.gov.cn/gkml/hbb/bwj/201707/t20170718_418053.htm.

④ 习近平．在深入推动长江经济带发展座谈会上的讲话［N］．人民日报，2018－06－14（02）.

与西部之间的人均生产总值绝对差值分别达到 53664.35 元、60388.22 元和 6723.87 元①。同时，如习近平同志所指出的，长江经济带“区域合作虚多实少，城市群缺乏协同，带动力不足”②，表现为发展协调性滞后。

可以发现，在生态环境问题方面，流域分工体系受制于特殊利益诉求，呈现为人与自然矛盾突出、发展不可持续的分工格局，使得长江经济带生态环境陷入“公地悲剧”，生态环境共同利益遭受妨害；在产业同构问题方面，长江经济带各地域在各自特殊利益的驱使下不免采取“以邻为壑”的行为导向，产业布局也就难以做到从全局谋划一域、以一域服务全局；在发展不协调问题方面，各地域的特殊利益使得流域分工在长江经济带利益享有方面的分化效应不断显现，不仅造成长江经济带内部地域之间的梯度位差，而且反过来抑制长江经济带利益创造的总量扩容。换言之，当前长江经济带一系列发展不平衡不充分问题背后，体现的正是马克思主义流域分工的“共同利益—特殊利益”逻辑，深层反映着局部领域出现的共同利益与特殊利益之间的错位与失衡。这些问题显露出当前长江经济带流域分工体系存在的不合理之处，即无法实现共同利益与特殊利益之间关系均衡。于是，在短视的、片面的特殊利益支配下，长江经济带内部呈现出原子式的行为倾向，造成共同利益的旁落。

4.4.3 利益共享下长江经济带高质量发展的具体路径

在当前我国经济已由高速增长阶段转向高质量发展阶段的时代背景下，长江经济带亟待破解“发展起来以后的问题”③，成为引领我国经济高质量发展的生力军。可以说，长江经济带局部层面出现的共同利益与特殊利益之间的错位与失衡，引致出长江经济带发展的不平衡不充分问题。如果不施加必

① 孙久文，张静．长江经济带发展的时空演变与发展建议［J］．政治经济学评论，2019（1）：151－171.

② 习近平．在深入推动长江经济带发展座谈会上的讲话［N］．人民日报，2018－06－14（02）.

③ 中共中央文献研究室．邓小平年谱：1975—1997（下）［M］．北京：中央文献出版社，2007：1364.

要的引导与调整，流域分工旧格局延续以及在此基础之上的传统发展模式再生产势必导致矛盾激化甚至危机生成。这正如习近平同志所警示的，“长江沿岸长期积累的传统落后产能体量很大、风险很多，动能疲软，沿袭传统发展模式和路径的惯性巨大。但是，如果不能积极稳妥化解这些旧动能，变革创新传统发展模式和路径，不仅会挤压和阻滞新动能培育壮大，而且处理不好还会引发‘黑天鹅’事件、‘灰犀牛’事件”[①]。因此，推进长江经济带高质量发展的具体路径，就是要紧扣长江经济带发展中局部领域的突出问题，进一步推进流域分工良性演进，在流域分工新格局构建中实现“共同利益—特殊利益”关系均衡。具体而言，主要从以下路径切入：

一是面对生态环境问题，要以“共抓大保护、不搞大开发”为导向，积极通过长江经济带内部特殊利益与共同利益之间关系调整来实现“人与自然的和解”。在马克思主义看来，实现“人与自然的和解”，离不开“人与人的和解”，需要对生产方式与消费方式进行“绿色变革”，即生产方式绿色化与消费方式绿色化。因此，推进长江经济带绿色发展，不仅要抓住绿色生产方式维度，而且要抓住绿色生活方式维度。一方面，要促进长江经济带绿色新型工业化、绿色城镇化、绿色信息化和绿色农业现代化的绿色生产方式转变；另一方面，要在长江经济带探索节约型机关、绿色家庭、绿色学校、绿色社区以及绿色出行等方面的绿色生活方式转变思路。通过绿色生产和绿色生活两端牵引发力，不断强化生态环境的共同利益，带动长江经济带流域分工格局调整。在此过程中，促使长江经济带内部逐渐形成“联合起来的生产者”，而“社会化的人，联合起来的生产者，将合理地调节他们和自然之间的物质变换”[②]。

二是面对产业同构问题，要坚持“从全局谋划一域、以一域服务全局”，实现产业错位发展和产业差序体系构建。破解产业同构问题，关键在于抵制长江经济带内部特殊利益引致的地方保护主义和“诸侯经济”倾向，管制各级地方政府对资源配置的不合理干预，以之清除长江经济带内部市场壁垒，

---

① 习近平．在深入推动长江经济带发展座谈会上的讲话［N］．人民日报，2018－06－14（02）．

② 马克思恩格斯全集（第 46 卷）［M］．北京：人民出版社，2003：928．

推动劳动力、资本、技术等要素跨区域自由流动和优化配置。与此同时，要引导长江经济带各地域推进产业升级和产能变革，紧扣科技发展新前沿，通过破除旧动能和培育发展新动能来打造竞争新优势，积极打造新的经济增长极。在此基础上，借助新一轮科技革命与产业变革的巨大势能，厚植长江经济带产业发展实力，加快建设长江经济带各地域之间共同利益与特殊利益关系均衡的现代化产业体系，从而在产业层面助推长江经济带流域分工深化。

三是面对发展不协调问题，要引导长江经济带各地域正确处理自身特殊利益与全局共同利益的关系，将自身发展积极融入长江经济带整体的协同发展。正如习近平同志深刻指出，“长江经济带作为流域经济，涉及水、路、港、岸、产、城等多个方面，要运用系统论的方法，正确把握自身发展和协同发展的关系”①。一方面，要充分尊重长江经济带各地域促进自身发展的意愿和诉求；另一方面，要强调各地域从共同利益出发，树立“一盘棋”思想，真正做到全流域、跨区域的战略性统筹协调。在此基础上，推动长江经济带有机融合和协调发展，既要有效抑制流域分工的利益分化效应，又要在利益共享中进一步激发流域分工的利益激励效应，从而调整实现长江经济带内部特殊利益与共同利益之间关系均衡，努力将长江经济带打造成为均衡协调的高质量发展经济体。

4.5 本章小结

经济发展旧常态变迁到经济发展新常态，构成了共享发展理念的重要现实背景。对这一现实背景予以深层叩问，要求我们基于利益分析方法的“利益—发展”常态变迁规律，准确理解中国经济发展的常态变迁。以辩证唯物主义的视角看待经济发展，可以知道，任何经济体不可能拥有永久持续的高速增长，也不可能拥有永恒不变的发展常态。中国经济已经告别了过去30多年的发展常态，转向中高速增长。在这样的现实背景下，正确认识30

① 习近平．在深入推动长江经济带发展座谈会上的讲话［N］．人民日报，2018－06－14（02）．

多年的常态阶段，需要我们深入认识利益格局与经济发展之间的辩证关联，把握利益格局演变现状、特征以及对经济发展的深刻影响。可以说，只有探究经济发展常态变迁背后的利益格局反常态和利益共享困局，我们才能理解已经持续 30 多年的经济发展常态何以不能继续，成为旧常态，也才能理解我们将适应的是何种新常态，如何适应新常态。因此，本章紧扣“创新、协调、绿色、开放、共享”新发展理念，结合既得利益与预期利益之间矛盾、短期利益与长远利益之间矛盾、局部利益与整体利益之间矛盾、内部利益与外部利益之间矛盾、独占利益与共享利益之间矛盾等利益关系的矛盾分析，把握经济发展旧常态背后的利益格局反常态，以之探究经济发展常态变迁背后的利益共享困局。

具体而言，本章有效借助利益分析方法的“利益—发展”常态变迁规律，以之理解中国经济发展的常态变迁。利益格局与经济发展彼此之间存在着辩证关联，都遵循着常态演变规律。正是利益格局的“反常态”，导致中国经济发展“旧常态”无法持续。既得利益与预期利益之间的矛盾、短期利益与长远利益之间的矛盾、局部利益与整体利益之间的矛盾、内部利益与外部利益之间矛盾、独占利益与共享利益之间的矛盾的不断凸显，使得反常态的利益格局形成，在当前历史新阶段引发出科技创新不足、协调统筹不够、生态保护不力、内外联动不强、社会分配不公等新的发展问题和新的利益问题。于是，反常态的利益格局对生产积极性和社会稳定性产生不利影响，破坏了 30 多年来中国经济发展常态，使得后者无法持续，成为历史的、旧的常态。显然，这样的利益格局难以被社会各群体接受和认可。其中，最集中体现为利益差异过大、利益流动受阻以及利益格局失衡所导致的利益共享困局，直接对生产积极性和社会稳定性产生不利影响，已经成为影响中国经济社会发展的“阿喀琉斯之踵”。在这些理论分析的基础上，本章选取长江经济带为具体案例，在利益共享视域下探讨长江经济带高质量发展。通过案例剖析可以发现，“共同利益—特殊利益”矛盾引致出长江经济带生态环境、产业同构、发展不协调等诸多问题。因此，只有进一步推进流域分工良性演进，在流域分工新格局构建中实现“共同利益—特殊利益”关系均衡，才能破解长江经济带发展中局部领域的突出问题，不断在推进高质量发展中实现利益共享。

第5章　推进新时代共享发展的工作基调：稳中求进

“稳中求进”的工作总基调，已经被提升到“治国理政重要原则”和“经济工作方法论”的高度①。在马克思主义政治经济学的视域下，“稳中求进”强调的是“利益”与“发展”之间以及深层的生产力与生产关系之间的辩证统一，应理解为在利益关系新平稳中获取经济发展新进步。“稳中求进”这一工作总基调的提出，是为了应对当前“稳”与“进”的双重困境。推进供给侧结构性改革，能够实现对双重困境的突围，使改革、发展与稳定在新的阶段、新的层次上得以统一。面对错综复杂的国内外经济形势，我们应将稳中求进的工作总基调贯彻到各个方面，切实做到稳定大局、不断进取，从而踏出和踏好“中国节奏”。我们要通过推进供给侧结构性改革从“稳”与“进”双重困境中突围，处理好利益稳定与经济发展之间的关系，从而在新的阶段、新的层次上实现改革、发展与稳定三者的有机结合和系统推进。只有这样，我们才能抓住和用好当前我国发展的重要战略机遇期，才能实现社会生产力水平整体跃升，才能不断增强人民群众的获得感。

5.1 “稳中求进”的辨思

党的十八大以来，我国初步确立了适应经济发展新常态的经济政策框架。

---

① 中央经济工作会议在北京举行 习近平李克强作重要讲话 张德江俞正声刘云山王岐山张高丽出席会议［N］. 人民日报，2016-12-17（01）.

其中，贯彻稳中求进工作总基调是经济政策框架的三大支柱之一。从2011年开始，“稳中求进”已经连续成为历次中央经济工作会议的精神要点，并且在2016年12月召开的中央经济工作会议上被提升到“治国理政重要原则”和“经济工作方法论”的高度。

仅从文字表述来看，“稳中求进”并不是近年来才出现的新词汇和新提法。早在20世纪80年代末，刘国光（1988）就针对当时改革形势提出，不要搞超越现实、脱离形势的改革规划，要做到“稳中求进”[①]；张卓元（1989）也指出，当时的经济形势要求消除经济生活中一系列不稳定因素，实现经济发展的“稳中求进”[②]；中国社会科学院经济学科片形势分析小组（1990）的共识是，“稳中求进”应成为20世纪90年代改革与发展的基本思路[③]。此外，1996年12月和1997年12月召开的两次中央经济工作会议都提到“稳中求进”。其中，1996年12月召开的中央经济工作会议指出，未来一年总的宏观经济政策应当保持连续性、稳定性和必要的灵活性，做到稳中求进[④]；1997年12月召开的中央经济工作会议强调，在未来一年经济工作中，要继续贯彻稳中求进的方针[⑤]。

不过，以上在各自特定历史背景下提出的“稳中求进”，显然与当前经济发展新常态下作为工作总基调而提出的“稳中求进”有所不同。对后者的科学把握，关键在于理解当前经济发展新常态下“稳”“进”二字所赋予的新的时代内涵。一种较为普遍的理解是，作为当前工作总基调的“稳中求进”，其“稳”“进”二字分别指向“稳增长”与“调结构”[⑥]。另外，还有学者阐述“稳”的含义应是“稳心态、稳政策、稳预期”，“进”的方向应是“更高

---

① 刘国光．稳中求进的改革思路——在一次研讨会上的发言［J］．财贸经济，1988（3）：1－6.

② 张卓元．稳中求进还是改中求进［J］．数量经济技术经济研究，1989（2）：23－26.

③ 中国社会科学院经济学科片形势分析小组．以改革促稳定在稳定中发展——90年代“稳中求进”的发展和改革的基本思路［J］．经济研究，1990（7）：3－19.

④ 确定一九九七年经济工作总体要求和主要任务 中央经济工作会议在京召开 江泽民李鹏作重要讲话 朱镕基作总结讲话 李瑞环刘华清胡锦涛出席［N］．人民日报，1996－12－25（01）.

⑤ 统揽全局精心部署狠抓落实团结一致艰苦奋斗开拓前进 中央经济工作会议在京召开 江泽民李鹏朱镕基作重要讲话 乔石刘华清胡锦涛尉健行李岚清出席［N］．人民日报，1997－12－12（01）.

⑥ 隆国强．稳中求进 以进促稳［J］．求是，2015（9）：27－28.

素质、更平衡协调、更绿色环保”[①]。不难看出，这些解读都存在值得商榷之处。比如，以“稳”的解读为例，“稳增长”是指稳住经济增长速度，确保经济在合理区间平稳增长，体现的不仅有“稳”，而且有“进”，因此将“稳”理解为“稳增长”显然不妥；另外，将“稳”理解为“稳心态、稳政策、稳预期”，这一解读又仅仅流泛于意识层面和政策层面，未能在本质层面把握“稳”的内涵。那么，如何深层次理解“稳中求进”呢？习近平同志深刻指出，学习马克思主义政治经济学基本原理和方法论，有利于我们更好回答我国经济发展的理论和实践问题，提高领导我国经济发展能力和水平[②]。因此，“稳中求进”作为工作总基调，作为治国理政重要原则和经济工作方法论，应该被置于马克思主义政治经济学的视域下予以理解。

在马克思看来，人类社会是一个相互联系、相互作用的有机整体。这正如马克思所定义和论述的，“生产关系总合起来就构成所谓社会关系，构成所谓社会”[③]；“社会不是坚实的结晶体，而是一个能够变化并且经常处于变化过程中的有机体”[④]。经济发展的过程，体现为社会有机体不断运动的过程。在这个不断运动的社会有机体中，利益关系是其基础性的纽带，并以具体的组合形式，构成其内部的深层结构。因此，经济发展的深处，蕴藏着利益演进的逻辑。如果借助马克思主义政治经济学“生产力—生产关系”基本原理来考察，那么“利益”与“发展”的辩证关联就能得到更好展现。一方面，如恩格斯所说，“每一个社会的经济关系首先是作为利益表现出来”[⑤]，利益关系演进是经济关系调整的反映，指向的是生产关系维度；另一方面，经济发展以生产力发展为原动力，指向的是生产力维度。于是，“利益”对“发展”的制约或促进，反映着深层的生产关系对生产力的制约或促进。换言之，生产关系与生产力之间是否相适应，会以利益关系是否有利于经济发展的形

① 金碚．稳中求进的中国工业经济［J］．中国工业经济，2013（8）：5－17.

② 习近平在中共中央政治局第二十八次集体学习时强调 立足我国国情和我国发展实践 发展当代中国马克思主义政治经济学［N］．人民日报，2015－11－25（01）．

③ 马克思恩格斯选集（第1卷）［M］．北京：人民出版社，2012：340.

④ 马克思恩格斯选集（第2卷）［M］．北京：人民出版社，2012：84.

⑤ 马克思恩格斯全集（第18卷）［M］．北京：人民出版社，1964：307.

式表现出来。

当前，我国生产力与生产关系之间诸多不相适应的部分已经在新的历史环境下凸显出来，使得新的利益问题不断出现。同时，新的利益问题又制约发展，使得我们还面临着新的发展问题。这些新的利益问题和发展问题，促使我国内部生成强大的变革力量，推动我国迈入利益关系深刻调整和经济社会转型发展的新关口。以上这些重要判断，是科学解读“稳中求进”这一工作总基调的基本前提。在这些前提下，当前“稳中求进”强调的应是“利益”与“发展”之间以及深层的生产力与生产关系之间的辩证统一。具体而言，“稳”是利益关系的新平稳，“进”是经济发展的新进步；“稳中求进”是在利益关系新平稳中获取经济发展新进步。从“稳”与“进”的辩证关系来看，稳是基础，进是目的。一方面，之所以出现不“进”的发展问题，是因为受到利益问题的制约。因此，通过解决好利益问题而实现“稳”，是发展问题得以解决而实现“进”的基础。另一方面，解决好利益问题旨在突破发展瓶颈，释放发展动能，因此最终目的是解决好发展问题，获取经济发展新进步。

5.2　“稳中求进”工作总基调下的改革突围

5.2.1　以“稳中求进”助推“利益—发展”协同优化

当前我们提出“稳中求进”这一工作总基调，是为了应对现实中“稳”与“进”的双重困境。更为重要的是，“稳”与“进”之间的辩证关系，决定了当前双重困局之间存在着紧密的内在逻辑关联。在我国经济长期向好的基本面并未改变的现实背景下，我们不仅要认识到当前“稳”与“进”双重困局的复杂性和严峻性，而且要认识到它们的阶段性和暂时性。我们应牢牢把握“稳中求进”工作总基调，直面“稳”与“进”的双重困局，并通过深化改革特别是推进供给侧结构性改革突围。我们知道，推进供给侧结构性改革，既要突出供给侧，又要突出结构性。具体而言，突出供给侧，意味着当前改革不仅要着力于需求端、消费端，而且要着力于供给端、生产端；突出结构性，意味着当前改革主要针对的不是经济总量问题，而是经济结构问题。可以发现，无论是重视供给端、生产端，还是针对经济结构问题，都指向生产关系维度。

因此，在马克思主义政治经济学视域下，推进供给侧结构性改革的实质仍然是科学调整生产关系，以解放和发展生产力。供给侧结构性改革通过调整生产关系中与生产力不相适应的环节和方面，直击当前利益问题和发展问题的根源，既能实现"利益"与"发展"的和解，又能帮助我们突破"稳"与"进"的双重困局。在此过程中，改革突围将实现利益关系新平稳和经济发展新进步，使得改革、发展与稳定在新的阶段、新的层次上取得统一，从而能够"准确把握改革发展稳定的平衡点"[①]。具体而言，"稳中求进"工作总基调下的改革突围将围绕以下路径展开：

1. 实现既得利益与预期利益关系平稳，以之破解科技创新不足问题

抑制既得利益和强化预期利益，是实现既得利益与预期利益关系平稳的基本思路。我们应推进供给侧结构性改革，抓好"去产能""去杠杆"等任务，淘汰落后产能和"僵尸企业"，改变过度依靠廉价劳动力的路径依赖，从而抑制既得利益。与此同时，要优化要素供给和制度供给，尊重创新成果收益权，清除科技创新成果转化的障碍，从而强化创新的预期利益。在此基础上，大力实施创新驱动发展战略，推进创新发展。

（1）在创新主体培育方面，要以做强做优做大国企为契机，进一步打造创新型国企；要积极引导和加大扶持非公有制企业中的创新主体；要大力促进科研院所、高校、社会组织等各类创新主体与企业的协同创新。

（2）在技术体系建设方面，要加快工业化和信息化深度融合，构建结构更加合理、更具国际竞争力的现代产业技术体系。

（3）在产业结构升级方面，要以技术创新促进传统产业转型升级，培育和发展战略性新兴产业和高新技术产业，推进产业结构优化升级。

---

① 习近平主持召开经济形势专家座谈会强调 更好认识和遵循经济发展规律 推动我国经济持续健康发展［N］. 人民日报，2014－07－09.

2. 实现局部利益与整体利益关系平稳，以之破解协调统筹不够问题

实现局部利益与整体利益关系平稳，一方面，要在推进供给侧结构性改革过程中，积极引导局部利益着眼于改革全局来把握形势，明晰自身的利益边界；另一方面，要始终不忘全国一盘棋的思想，坚持局部利益服从整体利益的原则，更加强调和突出整体利益。在促进局部利益与整体利益相统一的过程中，重点围绕区域发展格局和城乡发展格局调整来推进协调发展。

（1）在区域协调发展方面，要实现区域发展总体战略与“一带一路”建设、京津冀协同发展战略、长江经济带发展战略的有机结合和有序推进；要优化区域功能定位和产业空间布局，形成区域分工合作新体系；要加强对口支援机制、资源补偿机制等制度供给，促进区域间互利共赢、共同发展。

（2）在城乡统筹发展方面，要协同推进新型城镇化和新农村建设，形成城乡协同发展新格局；要促进公共资源在城乡间均衡供给，加快城乡公共服务均等化进程；要加快发展作为城乡经济接合部的县域经济，提升其承接城市功能转移和辐射带动乡村发展能力①。

3. 实现短期利益与长远利益关系平稳，以之破解生态保护不力问题

实现短期利益与长远利益关系平稳，要求我们着眼于长远发展，消除短期利益驱使下的急功近利行为。在推进供给侧结构性改革的过程中，要拉长供给侧管理的时间轴线，处理好当前发展需要和未来发展需要的关系，不仅强调经济效益，而且强调生态效益。在此基础上，紧扣生态文明建设的时代命题，大力推进绿色发展。

（1）在“三高”产能淘汰方面，要强化环境硬约束，通过建立“高消耗、高污染、高排放”产能退出机制，来推动“三高”产能淘汰。

（2）在绿色产业发展方面，要积极引导各类要素配置到绿色产业，推进绿色版“制造中国 2025”战略和绿色服务业发展。

（3）在生态资源供给方面，要严守生态资源红线，实现水资源、森林资源、矿产资源等生态资源的可持续供给。

---

① 中华人民共和国国民经济和社会发展第十三个五年规划纲要［M］. 北京：人民出版社，2016：86.

（4）在生态产品供给方面，要增强我国生态产品的生产能力，满足人民群众对高质量生态产品的迫切需求，补齐生态产品供给短板。

4. 实现内部利益与外部利益关系新平稳，以之破解内外联动不强问题

虽然当前世界经济格局已经发生深度调整，但是我国经济融入世界经济的总体趋势没有改变，因此内部利益与外部利益深度融合还需继续加强。这就要求我们在追求外部利益的同时，更加注重内部利益，实现内部利益与外部利益关系新平稳。在此过程中，我们应积极提升对外开放的内外联动性，有效统筹国内国际两个大局，不断推进开放发展。

（1）在对外开放格局方面，要以"一带一路"建设为重要契机，形成"向东""向西""向南"全方位开放新格局，促进对外开放格局优化和区域发展格局优化的协同推进。

（2）在国际产能合作方面，要加快我国优势富余产能的国际转移，实现从产品输出向产业输出的提升，促进国际产能合作与国内产业转型的良性互动。

（3）在企业国际化经营方面，要引导国内企业依托国际国内两个市场、两种资源的联动效应提质增效，积极创造新供给，从而增强自身国际竞争力和影响力。

5. 实现独占利益与共享利益关系新平稳，以之破解社会分配不公问题

面对当前独占利益与共享利益关系失衡，我们必须抑制独占利益的过度膨胀，扭转共享利益实现受到阻滞的严峻态势。因此，我们在推进供给侧结构性改革的过程中，必须坚持共同富裕的方向，更好地促进社会公平正义。具体而言，我们要大力推进共享发展，使得改革成果能够被广大人民群众共同享有。

（1）在公共服务供给方面，要从人民群众最关心的民生问题出发，提升公共服务供给的普惠性、均等性和可持续性，更好地实现公共服务共建共享。

（2）在精准扶贫落实方面，要消除共享利益的覆盖盲区，加大财政扶贫资金投放，提高扶贫脱贫质量，确保到2020年实现全面脱贫目标。

（3）在劳动报酬提升方面，要全面提高劳动者素质，在劳动生产率上升和企业提质增效的基础上，实现劳动报酬同步提升，使得"降成本"与"涨工资"并行不悖。

5.2.2　在“利益—发展”协同优化中稳步推进共享发展

中国经济发展新常态，正如习近平同志所指出的，在根本上是为了“实现我国社会生产力水平总体跃升”①。这一新思想，是对新时期中国经济发展的辩证认识②。在当前，利益格局的反常态，已经成为我国社会生产力水平总体跃升的阻碍。因此，调整利益格局进入新常态，是中国经济发展新常态在利益层面的内在要求。

1. 促进共同富裕，从利益分化转向利益整合

市场崇尚优胜劣汰，是促进利益分化的“离心机”。因此，党和政府应是推动利益整合的主体。在此过程中，充分发挥出中国特色社会主义制度优势。正如程恩富教授所指出的，“在我国经济转入中速增长的新常态时”，应当“更好地发挥中国特色社会主义基本制度的优势，更好地发挥好政府作用”③。我们知道，利益分化体现的是利益的分散和极化，利益整合则体现的是利益的收敛和集聚。在当前，整合各方利益，需要寻求各方利益的共同点和交汇点，使它们之间差异收窄，呈现出收敛和集聚的趋势，实现全社会共享经济发展带来的利益。

在当前，从利益分化转向利益整合，要求我们必须坚持走共同富裕的道路，以共同富裕为根本原则来推进利益整合工作，调整和完善利益分配机制，解决利益差距过大问题。对此，习近平同志深刻指出，“共同富裕是中国特色社会主义的根本原则，所以必须使发展成果更多更公平惠及全体人民，朝着共同富裕方向稳步前进”④。在当前经济发展的重要历史关口，我们必须正确认识“共同富裕”。“共同富裕”不只是理想追求，而且是现实主题，否则利益格局新常态以及经济发展新常态都无法实现；“共同富裕”绝不是属于“将来时”的归宿、目标，

---

① 中共中央召开党外人士座谈会［N］. 人民日报，2014-07-30（01）.

② 顾海良．“马克思主义基本原理概论”课程建设的新境域［J］. 思想理论教育导刊，2014（11）：16-22.

③ 侯为民．学界研讨外国经济学说与经济发展新常态［N］. 光明日报，2014-12-10（15）.

④ 习近平．紧紧围绕坚持和发展中国特色社会主义 学习宣传贯彻党的十八大精神——在十八届中共中央政治局第一次集体学习时的讲话［M］. 北京：人民出版社，2012：9.

而是属于“现在进行时”的逻辑主线，贯穿于当前利益整合和经济换挡的全过程。

2. 钳制利益集团，从利益固化转向利益交融

在利益固化的情况下，经济发展必然受到制约。既得利益在本性的驱使下不断固化，并不会考虑自身对经济发展的影响。经济发展从旧常态迈向新常态，是一个不断破坏旧结构，创造新结构的过程，即“创造性毁灭”①。但是，经济增长过程中形成的诸多既得利益集团和固化的利益格局，阻碍了“创造性毁灭”，成为深化改革和迈向新常态的藩篱。如何突破利益固化的藩篱，难点在于击碎因各类既得利益集团形成的利益板结。

当前，既得利益集团在各自内部存在着强烈的利益认同，并且不断强化自身组织性以及加深与权力层的联系，已经成为阻挠深化改革、阻碍经济发展迈进新常态的不可小觑的力量。对此，习近平同志指出，必须以更大的政治勇气和智慧，突破利益固化的藩篱②。无疑，只有敢于打破固有利益格局，坚决钳制既得利益集团，才能击碎利益板结，才能打通或重建利益纵向流动的渠道，形成利益交融的新态势。也只有在利益交融的新态势下，“穷者恒穷，富者恒富”以及相应的“强者恒强，弱者恒弱”的局面才能被扭转，阶层的割裂和社会的断裂才能被弥合，利益固化对深化改革的阻挠和经济发展迈进新常态的阻碍才能被消除。

3. 坚持民生导向，从利益错位转向利益归位

人民群众的基本生存、生活保障以及基本发展等民生需求，是共同利益的最集中体现，也构成了共同利益的最基本、最重要的内容。在当前利益错位以及利益失衡的背景下，坚持民生导向，强调的是以人为本，强化的是共同利益的主导地位；扬弃的是以资为本、以权为本，抑制的是特殊利益的过度膨胀。习近平同志指出，让老百姓过上好日子是我们一切工作的出发点和落脚点③。因此，检验利益错位是否得到正确归位、利益失衡是否得到有效纠偏，最终要

---

① 熊彼特．资本主义、社会主义与民主［M］．北京：商务印书馆，1999.

② 习近平在武汉召开部分省市负责人座谈会时强调 加强对改革重大问题调查研究 提高全面深化改革决策科学性［N］．人民日报，2013－07－25（01）．

③ 习近平在辽宁考察时强调 深入实施创新驱动发展战略 为振兴老工业基地增添原动力［N］．人民日报，2013－09－02（01）．

看人民群众的生活是否得到改善，人民群众的共同利益是否得到维护。

正如党的十九大报告所深刻强调的，“增进民生福祉是发展的根本目的。必须多谋民生之利、多解民生之忧，在发展中补齐民生短板、促进社会公平正义，在幼有所育、学有所教、劳有所得、病有所医、老有所养、住有所居、弱有所扶上不断取得新进展，深入开展脱贫攻坚，保证全体人民在共建共享发展中有更多获得感，不断促进人的全面发展、全体人民共同富裕”①。具体而言，实现利益归位和利益均衡，要以上学难、看病难、收入少、养老难、住房难等问题为抓手，着力保障和改善民生，使得人民群众既是利益的创造者又是利益的分享者，不仅增强人民群众的生产积极性，而且释放人民群众的消费潜能，以之实现生产与消费的良性互动。在此过程中，民生改善为经济发展固本强基，通过以民固本来实现民生改善与经济发展的辩证统一。只有这样，社会主义制度下的共同利益才能得到强化，特殊利益才能得到抑制，彼此的错位才能得到正确复归，“利益—发展”才能得以协同优化。

5.3　案例反思：法国“黄背心”运动的教训

5.3.1　资本主义的“稳”“进”双重危机

作为狭隘理性选择模型的主要批判者之一，美国当代思想家艾伯特·赫希曼提出经济学应严肃对待失望情绪，并试图将“失望”范畴植根于西方主流经济学，以之解释集体行动的形成逻辑②。这些探讨虽然不免囿于西方主流经济学的传统局限，但是为学界铺陈出一个新的问题域。围绕这一问题域，马克思主义能够对“失望情绪—集体行动”逻辑给予更为深刻的理论解读，从而揭示资本主义“稳”“进”双重危机下利益失衡、民众失望与社会失序的必然趋势。

---

① 习近平．决胜全面建成小康社会 夺取新时代中国特色社会主义伟大胜利［M］．北京：人民出版社，2017：23.

② 艾伯特·赫希曼．欲望与利益——资本主义走向胜利前的政治争论［M］．上海：上海文艺出版社，2003.

海尔布隆纳说，我们求助于马克思，是因为我们无法回避他[①]。探求“利益失衡—民众失望—社会失序”何以形成的深层动因，需要我们回到马克思。具体而言，我们需要马克思主义的视域，来探讨利益失衡如何引致出失望情绪，进而形成集体行动并造成社会失序。这要求我们回答如下两个问题：其一，基于马克思主义的利益视角，如何理解资本主义制度下劳动者的普遍和强烈的失望情绪？其二，按照马克思主义的解读，这种更为普遍和强烈的失望情绪，如何引致频繁和有力的集体行动？

5.3.1.1 资本主义制度下劳动者的失望情绪何以形成：最基本的希望难以实现

历史唯物主义和辩证唯物主义不但不排斥心理学与心理分析，而且还是心理学与心理分析的方法论基石。这是因为，心理学只有坚持以唯物辩证法为其哲学方法论，才能正确地规定心理学的对象、任务和方法，才能科学地掌握人的心理发生和发展的规律[②]。在马克思主义经典著作中，不乏心理分析的相关论述，其中就包括对资本主义制度下劳动者失望情绪的分析。

1. 资本主义制度下劳动者最基本的希望所在

作为资本原始积累的结果，资本主义不仅实现了资本与土地的结合，而且为自身的发展获得了大量的可供雇佣的劳动者。在这个特定的历史阶段，劳动者既“是自由人”，又“自由得一无所有”[③]，使得自身的劳动力成为买卖对象，成为商品。对于这些资本主义的劳动者而言，出卖自身劳动力是迫于生计而不得不做出的行为。同时，这一行为的背后恰恰体现了资本主义制度下劳动者怀揣的最基本的希望，即与“用法术呼唤出来的魔鬼”[④] 般的资本做一场交易，以自身的劳动力来换取生存与延续。

劳动力既然成为商品，就同其他的商品一样，具有使用价值和价值二因素。基于马克思主义劳动价值论，“劳动力的价值也是由生产从而再生产这种特殊物

① 海尔布隆纳．马克思主义：赞成与反对［M］．北京：东方出版社，2016：1.

② 李进书．西方马克思主义的审美现代性与续写现代性［M］．北京：人民出版社，2011：109.

③ 马克思恩格斯全集（第44卷）［M］．北京：人民出版社，2001：197.

④ 马克思恩格斯文集（第2卷）［M］．北京：人民出版社，2009：37.

品所必需的劳动时间决定的”[①]，其大小取决于生产维系劳动力所有者生存与延续所必需的生活资料的社会必要劳动时间，并可以分为三大部分：一是维系劳动力所有者本人正常生活状态所需要的生活资料的价值；二是为了实现劳动力代际接替而维系家庭成员所需要的生活资料的价值；三是劳动力的教育与培训费用。在这里，马克思对劳动力价值的规定，指向的正是劳动者渴求生存与延续的基本条件，即“花在工人身上的费用，几乎只限于维持工人生活和延续工人后代所必需的生活资料”[②]。而这些基本条件，从另一面反映出劳动者在出卖自身劳动力时，所怀揣的生存与延续的最基本的利益诉求和希望所在。

但是，在资本主义制度下，劳动力价值表现为它的转化形式，即劳动者从资本家那里获得的体现一定价值量的工资。然而，劳动者的工资水平也并非始终与劳动力价值保持一致。在劳动力价值既定时，劳动者的工资水平仍然受到劳动市场的供求关系以及劳资斗争状况的影响。可以认为，劳资等价交换只是一种应然状态，实然状态则是由于资本家“无疑希望用尽量少的货币换取尽量多的劳动”[③] 而出现的不等价交换。易言之，劳资等价交换仅仅是一个理论假设的“常态”，而现实中往往会大量存在工资低于劳动力价值的不等价交换情形[④]。在这些不等价交换情形下，工资低于劳动力价值而产生出马克思主义劳动价值论层面的“价值差”。这种“价值差”的直接后果就是，劳动者最基本的希望注定无法得到满足，失望情绪也必然接踵而至并萦绕着他们。

2. *劳动者最基本的希望为何难以实现*

正如《共产党宣言》所深刻阐述的那样，“现代的工人只有当他们找到工作的时候才能生存，而且只有当他们的劳动增殖资本的时候才能找到工作。这些不得不把自己零星出卖的工人，像其他任何货物一样，也是一种商品，所以他们同样地受到竞争的一切变化、市场的一切波动的影响”[⑤]。因此，在

---

① 马克思恩格斯全集（第 44 卷）［M］. 北京：人民出版社，2001：198.

② 马克思恩格斯文集（第 2 卷）［M］. 北京：人民出版社，2009：38.

③ 马克思恩格斯全集（第 44 卷）［M］. 北京：人民出版社，2001：621.

④ 郗戈. 自由、平等与所有权：《资本论》与近代政治哲学传统［J］. 马克思主义与现实，2015（2）：43 – 50.

⑤ 马克思恩格斯文集（第 2 卷）［M］. 北京：人民出版社，2009：38.

资本主义制度下，劳动力商品必然要受到市场竞争和市场波动的影响，使得劳动者必然背负着竞争的重重压力，并不可避免地陷入失望的境地，具体而言：

（1）劳动者成为资产阶级内部竞争的受害者，“资产者彼此间日益加剧的竞争以及由此引起的商业危机，使工人的工资越来越不稳定”①。

（2）资本主义机器大工业的发展使得劳动者与机器之间的竞争不断加剧，“机器的日益迅速的和继续不断的改良，使工人的整个生活地位越来越没有保障”②。

（3）资本积累产生出相对过剩人口，加剧了劳动者内部的竞争，“工人阶级中就业部分的过度劳动，扩大了它的后备军的队伍，而后者通过竞争加在就业工人身上的增大的压力，又反过来迫使就业工人不得不从事过度劳动和听从资本的摆布”③。

在这样的情况下，一方面，资本家“希望用尽量少的货币换取尽量多的劳动”的劳资不等价交换得以实现；另一方面，劳动者即便能够获得工作，也常常只能得到低于自身劳动力价值的工资水平。对此，马克思引用了曼德维尔在《蜜蜂的寓言》中的语句，即“工资过低会使工人依各自的气质或者垂头丧气，或者悲观绝望”④，来描述这些劳动者的失望情绪。而且，马克思进一步指出，“曼德维尔这个诚实的和头脑清晰的人还没有了解：积累过程的机制本身，会在增大资本的同时，增加‘勤劳贫民’即雇佣工人的数量，这些雇佣工人不得不把自己的劳动力转化为日益增长的资本的日益增大的增殖力，并且由此把他们对自己所生产的、但已人格化为资本家的产品的从属关系永久化”⑤。这种“从属关系永久化”，又使得萦绕着劳动者的失望情绪持续不散并不断积重。与此同时，对于那些被抛入“产业后备军”⑥ 的劳动者而言，他们的失望情绪则更为强烈。正如恩格斯在《英国工人阶级状况》中所描述的：“在大多数情形下失掉工作就是一个工人可能遭遇到的最倒霉的事情。不用说，技术不断发展和随之而来的失业所产生的这种生活无保障的现

①② 马克思恩格斯文集（第2卷）[M]. 北京：人民出版社，2009：40.

③ 马克思恩格斯全集（第44卷）[M]. 北京：人民出版社，2001：733.

④⑤ 马克思恩格斯全集（第44卷）[M]. 北京：人民出版社，2001：710.

⑥ 马克思恩格斯全集（第2卷）[M]. 北京：人民出版社，1957：425.

象，对于一个生活本来就已经十分动摇不定的工人，起着怎样使人泄气，使人沮丧的作用呵！①”

5.3.1.2 从失望情绪引致出集体行动：战战兢兢的尾随者如何成为资本主义丧钟的敲钟人

在《资本论》中，马克思列举了诸多资本主义积累一般规律的具体例证，并以之勾勒出资本主义制度下劳动者贫困、窘迫、苦难的生活场景。按照《资本论》的相关描述，即便在当时被称为“工人的乐园”的比利时，也“只有少数工人家庭才能达到同囚犯差不多的营养”，“工人已经到了山穷水尽的地步，只要生活资料的价格稍稍上涨一点，或者无工可做，或者生病，都会加深工人的贫困，使他完全毁灭”②。在马克思看来，资本主义根本没有所谓的“工人的乐园”，而只有“资本家的乐园”。而且，“在这个‘资本家的乐园’里，只要最必要的生活资料的价格发生最微小的变动，就会引起死亡和犯罪数字的变动”③。毋庸置疑，生活资料价格提高使得劳动者工资水平与劳动力价值之间的落差进一步扩大，加剧了劳动者的生存压力，并逼迫着他们在个人的失望境地中一步步走向死亡和犯罪。

如果借用赫希曼“退出—呼吁”理论的术语来表述，那么死亡是一种极端形式的退出，而犯罪是一种极端形式的呼吁。然而，不管死亡还是犯罪，都主要表现为个体性抗争。与这些个体性抗争相对应，另一种更为积极有效的退出抑或呼吁——从个人失望境地中退出，为阶级利益而呼吁——则表现为集体性的阶级抗争，即“日益壮大的、由资本主义生产过程本身的机制所训练、联合和组织起来的工人阶级的反抗”④。马克思深刻认识到，“人的本质不是单个人所固有的抽象物，在其现实性上，它是一切社会关系的总和”⑤。身处各种社会关系中的个人之间，会在种族、血缘、利益、情感等各个层面

① 马克思恩格斯全集（第 44 卷）[M]. 北京：人民出版社，2001：773 – 774.
② 马克思恩格斯全集（第 44 卷）[M]. 北京：人民出版社，2001：774.
③ 马克思恩格斯全集（第 44 卷）[M]. 北京：人民出版社，2001：729.
④ 马克思恩格斯全集（第 44 卷）[M]. 北京：人民出版社，2001：874.
⑤ 马克思恩格斯文集（第 1 卷）[M]. 北京：人民出版社，2009：501.

产生不同程度的认同[①]，成为不同形式集体行动的前提和基础。在最根本的生产关系中，处于相同经济地位的个人之间，比如同处于被雇佣被剥削地位的劳动者之间，就会在交往中逐渐意识到彼此共同的利益诉求，并产生强烈的情感共鸣[②]。于是，随着劳动者之间认同感的不断强化，个人的失望就汇集成为群体的失望、阶级的失望，个人的利益诉求就汇集成为群体的利益诉求、阶级的利益诉求。一旦外在冲击点燃了导火索，劳动者就会将普遍的失望转化为联合的行动，形成集体行动。

从失望到抗争，劳动者逐渐懂得如何借助集体行动来获取抗争资本、抵制失望的强大力量。一开始，当资本家购买劳动力商品后，“劳动力占有者作为他的工人，尾随于后”，并且“战战兢兢，畏缩不前”[③]，“阴郁的不满情绪笼罩着这个阶级的行列，他们留恋过去，厌恶现在，绝望于将来”[④]。但是，作为资本主义积累的历史趋势，劳动者会“在真正的共同体的条件下”，“在自己的联合中并通过这种联合获得自己的自由”[⑤]。同时，“随着工业的发展，无产阶级不仅人数增加了，而且它结合成更大的集体，它的力量日益增长，它越来越感觉到自己的力量”[⑥]。于是，对现实生活的失望情绪不断促进资本主义制度下劳动者的阶级觉醒，使得他们通过集体行动转向来实现凸显其历史使命的角色转变，从战战兢兢的尾随者变为坚定果敢的敲钟人，并最终敲响“资本主义私有制的丧钟”[⑦]！

5.3.2 法国“黄背心”运动：利益失衡·民众失望·社会失序

在资本主义国家，劳动者因普遍失望而集体抗争，无疑对资本主义的社

① 陈力丹．马克思、恩格斯论交往的认同心理［J］．新闻与传播研究，1990（1）：15－30．

② 易淼，赵磊．让利益集团理论回归马克思主义［J］．四川师范大学学报（社会科学版），2013（1）：11－17．

③ 马克思恩格斯全集（第44卷）［M］．北京：人民出版社，2001：205．

④ 马克思恩格斯全集（第44卷）［M］．北京：人民出版社，2001：815．

⑤ 马克思恩格斯文集（第1卷）［M］．北京：人民出版社，2009：571．

⑥ 马克思恩格斯文集（第2卷）［M］．北京：人民出版社，2009：40．

⑦ 马克思恩格斯全集（第44卷）［M］．北京：人民出版社，2001：874．

会经济秩序造成巨大威胁。为了更好地维护资本主义生产关系的延存与发展，资本主义国家在不触动基本制度的前提下采取各种形式进行自我调整。特别是进入 20 世纪后，诸如福利资本主义、民主社会主义、市场社会主义等各种资本主义改良模式不断出现，企图消解劳动者的失望情绪，规避劳动者的集体抗争，进而缓和阶级矛盾。但是，这些自我调整不过是改良主义的修修补补，不可能根除资本主义的固有矛盾。而且，随着资本主义的发展，这些矛盾还将以新的形式和内容表现出来。在此情况下，即便在不断进行自我调整的发达资本主义国家，资本主义制度下劳动者"失望情绪—集体行动"逻辑仍然潜伏于深处，一旦利益失衡出现，就会伺机发挥作用。而作为当代的典型例证，法国"黄背心"运动正是这一逻辑的再一次呈现。

2018 年 11 月 17 日爆发的法国"黄背心"运动首日，就有超过 20 万的法国民众参与示威，抗议政府加征燃油税[①]。这场运动自爆发后便持续发酵，不断蔓延。据新华社报道，截至 2019 年 2 月 16 日，法国已经在短短 3 个月内连续爆发了 14 次"黄背心"示威游行[②]。据法国《欧洲时报》报道，法国内政部公布的数据显示，截至 2019 年 2 月 14 日，法国警方因"黄背心"运动共抓捕 8400 人，其中 7500 人被警方审讯；判刑案例共计近 1800 起，另有 1500 个案件正在等待审理，此外法庭审理了 1300 起立即出庭审理的案件，316 人收到关押传票。法国财政部长布鲁诺·勒梅尔表示，法国"黄背心"活动已经对法国经济造成了严重的破坏[③]。

在这场运动中，不断弥漫着法国示威民众浓重的普遍的失望情绪。对于这种失望情绪何以产生，以及何以引致出如此激烈的集体行动的问题，只有借助马克思主义利益分析法予以解答。借助马克思主义利益分析法可知，这种失望仍然是资本主义制度下劳动者利益受损的心理产物，是其生存与延续的最基本希望难以实现的必然反应。因此，只有基于马克思主义的视域，我们才能够更准确地理解和认识这场活动。

---

① 王子琛．法国"黄背心运动"背后的政治幽灵［J］．中国新闻周刊，2018（47）：28－31.

② 新华社．法国"黄背心"示威游行进入第三个月［EB/OL］．新华网：http：//www.xinhuanet.com/world/2019－02/17/c_1210061144.htm.

③ 杨月涵．法国财长称黄背心运动严重破坏经济［N］．北京商报，2019－02－19（08）.

如果仅仅考察工资方面，那么当前法国劳动者的工资水平并不低。2018年，法国最低工资标准（SMIC）已达税前每月1498.47欧元，高居欧盟国家前列[①]。但是，在马克思主义的视域中，决定劳动者普遍而强烈的失望情绪生成的并非单方面的工资水平，而是工资低于劳动力价值的“价值差”。同时，正如马克思所强调的，劳动力价值“主要取决于自由工人阶级是在什么条件下形成的，从而它有哪些习惯和生活要求”。也即，劳动力价值并非固定不变，“劳动力的价值规定包含着一个历史的和道德的要素”[②]。因此，工资低于劳动力价值的“价值差”，不会仅仅因单方面的工资水平上升而得到消弭。在包括法国在内的当代发达资本主义国家，马克思所揭示的“资本主义积累的绝对的、一般的规律”[③] 并没有改变，劳动者仍然不同程度地处于生存与延续危机之中，仍然无法摆脱生活困境带来的失望情绪。特别是对于身处边缘地区、边缘部门的劳动者而言，日益激烈的市场竞争带给他们难以招架的挤压和冲击，使得他们面临着更加严峻的生存威胁。法国ELABE民调机构通过调查发现，虽然法国“黄背心”运动的主战场在巴黎，但是“黄背心”运动示威民众中来自巴黎地区的仅12%[④]。

而且，经济萧条的影响、失业问题的困扰、税收负担的压力，这些因素相互叠加，进一步加重法国民众的失望情绪。

（1）经济萧条的影响。2008年全球金融危机爆发，使得法国陷入长期的经济萧条。按照世界银行的数据，2008年法国的国内生产总值为2.92万亿美元，到2017年法国的国内生产总值降至2.58万亿美元[⑤]。2008~2016年，法国家庭的可支配收入平均每户减少440欧元。低收入家庭房租和电费等“硬性支出”约占一般家庭支出的30%，最低收入家庭占比甚至高达80%[⑥]。

（2）失业问题的困扰。2017年法国失业率接近于10%，其中年龄25岁

---

① 凯文．法政府推多项举措促劳动市场改革 最低工资将再提高［EB/OL］．欧洲时报网站：http://www.oushinet.com/europe/france/20180212/284368.html.

② 马克思恩格斯全集（第44卷）［M］．北京：人民出版社，2001：199.

③ 马克思恩格斯全集（第44卷）［M］．北京：人民出版社，2001：742.

④ 魏南枝．法国爆发“黄马甲”运动的内外部因素［J］．红旗文稿，2018（24）：30-32.

⑤ 孔田平．法国“黄背心”运动挑战马克龙新政［N］．中国社会科学报，2019-01-17（03）.

⑥ 孙海潮．法国“黄背心”运动反映出欧洲社会沉疴［N］．北京日报，2018-12-10（10）.

以下的青年人失业率接近 25%[①]。经济合作与发展组织（以下简称“经合组织”）发布的 2017 年法国经济调查报告指出，“许多年轻人和低技能工人被排斥于劳动力市场之外，特别是当他们生活在贫困地区时”。在法国贫困地区，15 ~ 29 岁人口失业概率高达 30% 以上[②]。

（3）税收负担的压力。经合组织发布的 2017 年法国经济调查报告专门提及法国的税收负担问题，指出高额和复杂的税收对法国就业和生产率增长带来了压力[③]。法国一直实行的是高税收制度，2017 年政府税收收入创下新高，占国内生产总值的 45.4%，在经合组织中排名第二，并且超出平均税负水平 11 个百分点[④]。

在这样的情况下，共同的利益诉求和强烈的情感共鸣在这些生活难以为继的法国民众中不断形成。而且，从法国大革命到巴黎公社运动，再到 20 世纪 60 年代的“五月风暴”，有着革命传统的法国民众懂得借助集体行动来获取抗争资本、抵制失望的力量。于是，从失望到抗争，进而形成集体行动，就只需要一个外部冲击来点燃导火索。提高燃油税导致油价上涨，正好扮演了这个角色。2018 年，法国柴油和汽油价格已经分别上涨 23% 和 15%，每升达 1.46 欧元和 1.55 欧元，均超过欧盟均价[⑤]。作为民众必要生活资料的燃油价格上涨，无疑进一步加重了他们压抑已久的失望情绪，并催生出集体行动。

在法国政府看来，“黄背心”运动似乎是一场没有固定诉求的社会政治运动。但是，法国政府在 2018 年 12 月 10 日对“黄背心”运动做出的让步措施，又足以表明他们懂得底层民众的利益诉求所在。这些让步措施具体包括：自 2019 年起，将把每月最低工资标准上调 100 欧元；免除对加班所获收入的一切税收；不再对月收入低于 2000 欧元的退休人员提升社会普摊税的税率。除此之外，法国政府还呼吁法国企业主积极向员工发放年终奖金[⑥]。显然，这

---

① 孔田平．法国“黄背心”运动挑战马克龙新政［N］．中国社会科学报，2019-01-17（03）．

②③ OECD. OECD Economic Surveys：France 2017，OECD Publishing，Paris，2017：10.

④ 王文新．“黄背心”运动：马克龙改革的可为与不可为［N］．第一财经日报，2018-12-10（A11）．

⑤ 慕阳子．“黄马甲”运动：星火何以燎原［J］．世界知识，2019（1）：38-39.

⑥ 潘亮．马克龙妥协能否令“黄背心”收兵？［N］．环球时报，2018-12-12（02）．

些措施旨在能够平息“黄背心”运动示威民众对生活境况恶化的失望与不满。然而，这些措施有限的力度又决定了它们远不足以驱散民众的失望情绪。易言之，这类再分配措施即便使得劳动者“吃穿好一些，待遇高一些”，“对资本的从属关系是采取可以忍受的”形式①，却无法消除资本主义制度下劳动者的失望之源。由此来看，法国“黄背心”运动不过是资本主义制度下劳动者“失望情绪—集体行动”逻辑的一次生动呈现，不过是资本主义摆脱不开的“幽灵”的再次游荡，并且一如既往地来得猝不及防。

5.3.3 反思与总结

综上所述，随着资本主义的发展，资本主义国家在不触动基本制度的前提下采取各种形式进行自我调整。这些自我调整不过是改良主义的修修补补，不可能根除资本主义的固有矛盾。在包括法国在内的当代发达资本主义国家，劳动者仍然不同程度地处于生存与延续危机之中，仍然无法摆脱生活困境带来的失望情绪。经济萧条的影响、失业问题的困扰、税收负担的压力，这些因素相互叠加，进一步加重民众的失望情绪。因此，在法国“黄背心”运动中弥漫的失望情绪，仍然是资本主义制度下劳动者利益受损的心理产物，是其生存与延续的最基本希望难以实现的必然反应。作为法国民众必要生活资料的燃油价格上涨，成为点燃导火索的外部冲击，催生出集体行动。从利益失衡到民众失望，再到社会失序，法国“黄背心”运动爆发不是偶然，而是后危机时代的发达资本主义国家陷入“稳”“进”双重危机的必然产物。因此，对于不断推进新时代中国特色社会主义发展的中国而言，要以资本主义的危机和教训为鉴，坚持稳中求进的工作总基调，积极处理好全面深化改革进程中的利益稳定与经济发展之间的关系，从而在新的阶段、新的层次上实现改革、发展与稳定三者的有机结合和系统推进。只有这样，我们才能抓住和用好当前我国发展的重要战略机遇期，才能实现社会生产力水平整体跃升，才能不断推进社会主义共享发展。

---

① 马克思恩格斯全集（第44卷）[M]. 北京：人民出版社，2001：712 - 714.

5.4 本章小结

习近平同志强调，“必须坚持辩证唯物主义和历史唯物主义世界观和方法论，正确处理改革发展稳定关系”，“我们既要敢为天下先、敢闯敢试，又要积极稳妥、蹄疾步稳，把改革发展稳定统一起来，坚持方向不变、道路不偏、力度不减，推动新时代改革开放走得更稳、走得更远”[①]。借助马克思主义政治经济学“生产力—生产关系”基本原理来考察，“利益”与“发展”的辩证关联就能得到更好展现。党的十八大以来，贯彻稳中求进工作总基调已经成为经济政策框架的三大支柱之一，强调的正是“利益”与“发展”之间以及深层的生产力与生产关系之间的辩证统一。具体而言，“稳”是利益关系的新平稳，“进”是经济发展的新进步；“稳中求进”是在利益关系新平稳中获取经济发展新进步。从“稳”与“进”的辩证关系来看，稳是基础，进是目的。一方面，之所以出现不“进”的发展问题，是因为受到利益问题的制约。因此，通过解决好利益问题而实现“稳”，是发展问题得以解决进而实现“进”的基础。另一方面，解决好利益问题旨在突破发展瓶颈，释放发展动能，因此最终目的是解决好发展问题，获取经济发展新进步。

在马克思主义政治经济学的视域下，推进供给侧结构性改革的实质仍然是科学调整生产关系，以解放和发展生产力。供给侧结构性改革通过调整生产关系中与生产力不相适应的环节和方面，直击当前利益问题和发展问题的根源，既能实现“利益”与“发展”的和解，又能帮助我们突破“稳”与“进”的双重困局。具体而言，稳中求进工作总基调下的改革突围，应实现既得利益与预期利益关系平稳，以之破解科技创新不足问题；实现局部利益与整体利益关系平稳，以之破解协调统筹不够问题；实现短期利益与长远利益关系平稳，以之破解生态保护不力问题；实现内部利益与外部利益关系新平稳，以之破解内外联动不强问题；实现独占利益与共享利益关系新平稳，以

① 习近平在庆祝改革开放40周年大会上的讲话［N］. 人民日报，2018-12-19（02）.

之破解社会分配不公问题。在此基础上，从利益分化转向利益整合，从利益固化转向利益交融，从利益错位转向利益归位，以之适应中国经济发展新常态在利益层面的内在要求，在“利益—发展”协同优化中稳步推进共享发展。在以上理论分析的基础上，本章结合法国2018年底爆发的“黄背心”运动进行案例分析。在马克思主义视域下，这一场骚乱验证的正是资本主义的“稳”“进”双重危机。从利益失衡到民众失望，再到社会失序，法国“黄背心”运动爆发不是偶然，而是后危机时代的发达资本主义国家陷入“稳”“进”双重危机的必然产物。因此，我们要以资本主义的危机和教训为鉴，坚持稳中求进的工作总基调，积极处理好全面深化改革进程中的利益稳定与经济发展之间的关系，不断推进社会主义共享发展。

第6章　推进新时代共享发展的战略支撑：现代化经济体系建设

党的十九大报告指出，经过长期努力，中国特色社会主义已经进入新时代①。建设现代化经济体系，是适应新时代新要求的重大决策部署。在十九届中共中央政治局就现代化经济体系建设进行第三次集体学习时，习近平深刻指出，“建设现代化经济体系是一篇大文章，既是一个重大理论命题，更是一个重大实践课题，需要从理论和实践的结合上进行深入探讨。建设现代化经济体系是我国发展的战略目标，也是转变经济发展方式、优化经济结构、转换经济增长动力的迫切要求”；习近平还强调，“现代化经济体系，是由社会经济活动各个环节、各个层面、各个领域的相互关系和内在联系构成的一个有机整体”，其中的一项重要内容和主要任务是“要建设体现效率、促进公平的收入分配体系，实现收入分配合理、社会公平正义、全体人民共同富裕”②。基于此，本章将结合现代化经济体系建设背景，基于马克思主义分析逻辑对现代化经济体系内部子体系建设展开系统分析，并紧扣共享发展理念探讨新时代收入分配体系建设。

① 决胜全面建成小康社会 夺取新时代中国特色社会主义伟大胜利［M］. 北京：人民出版社，2017：9.

② 新华社. 习近平在中共中央政治局第三次集体学习时强调 深刻认识建设现代化经济体系重要性 推动我国经济发展焕发新活力迈上新台阶［N］. 人民日报，2018－02－01（01）.

6.1 现代化经济体系建设绕不开的收入分配失衡问题

当前，围绕现代化经济体系建设，学界已经积极展开了相关研究。其中，何自力（2017）阐述了现代化经济体系建设的方针、重点与目标；黄群慧（2018）论述了新发展理念与现代化经济体系建设之间的重要关联，指出现代化经济体系建设应以提高实体经济供给质量为着力点；刘伟（2018）指出建立现代化经济体系建设的主线是供给侧结构性改革；张俊山（2018）认为现代化经济体系以实体经济为中心，并有着与之相适应的社会主义消费方式；胡乐明（2018）指出，必须加快建设现代化产业体系、经济体制、开放格局，以之建设现代化经济体系；盛毅（2018）从第二次现代化视角探讨了现代化经济体系建设，指出应从要求、任务、动力、举措、体制五个方面推进现代化经济体系建设。可以看出，目前现代化经济体系建设的相关研究还处在起步阶段，尚未深入具体组成内容层面展开系统分析。

我们知道，现代化建设涵盖经济、政治、社会、文化、生态等多个层面体系建设，是一个复杂的、开放的系统工程。这正如美国政治学家亨廷顿所定义的，“现代化是一个多方面的进程，它涉及人类思想和活动的所有领域中的变化”①。按照历史唯物主义的观点，现代化经济体系是一个国家现代化的基础，为整个现代化建设奠定重要的物质条件。因此，在当前经济发展新常态和重要战略机遇期新阶段的历史关口，党中央从党和国家事业全局出发，着眼于实现“两个一百年”奋斗目标和顺应中国特色社会主义进入新时代的新要求，做出了建设现代化经济体系的重大决策部署。

现代化经济体系建设，目的是在经济领域超越传统以获取现代性。英国社会学家吉登斯曾说过，“现代性以前所未有的方式，把我们抛离了所有类型的社会秩序的轨道，从而形成其生活形态”②。然而，旧的“抛离”与新的

① 塞缪尔·亨廷顿．变动社会的政治秩序［M］．上海：上海译文出版社，1989：35.

② 安东尼·吉登斯．现代性的后果［M］．南京：译林出版社，2011：4.

"形成"之间，即传统与现代性之间，充满着不确定性的巨大张力。于是，迈向现代性的进程不乏吊诡之处，并常以"现代化"与"稳定性"的负相关呈现出来。何谓"现代化"与"稳定性"的负相关？亨廷顿曾作过精辟表述，即"现代性产生稳定性，现代化却产生不稳定性"①。回顾历史可以发现，现代化之所以引致不稳定性，往往是因为现代化进程伴随的收入分配失衡，如同渥克定义的"灰犀牛"一样②，在奔袭中对经济社会稳定造成了巨大威胁和冲击。以美国为例，美国现代化进程可分为第一次现代化和第二次现代化两个阶段，其中的第二个阶段大致从 20 世纪 70 年代左右开始，以知识化和信息化为典型特征。根据中国科学院"中国现代化战略研究"课题组的测算，进入 21 世纪后，美国已经处于第二次现代化的发展期③。然而，在第二次现代化进程中，美国贫富差距不断拉大。美国官方统计数据表明，美国家庭收入基尼系数从 1970 年的 0.394 逐年攀升至 2007 年的 0.463④。在此情况下，收入分配格局不断恶化导致美国国内有效需求不足，进而催生出寅吃卯粮的透支消费，使得 2008 年美国次贷危机及其造成的不稳定性接踵而至⑤。由此可见，对于业已开启现代化经济体系建设的中国而言，需要充分考量"现代化"与"稳定性"的负相关性，高度重视收入分配失衡问题。

毋庸置疑，迄今 40 多年的改革开放，给中国带来社会生产力的长足发展和现代化水平的显著提高。但是与此同时，发展不平衡不充分问题不断凸显，成为满足人民日益增长的美好生活需要的主要制约因素。作为发展不平衡不充分问题的突出表现，收入分配失衡问题蕴涵于新时代社会主要矛盾之中。国家统计局数据显示，2003 年至今，我国每年基尼系数均在 0.46 以上，超出 0.4 的国际警戒线；2016 年基尼系数为 0.465，较 2015 年提升了 0.003。2017 年，城镇居民人均可支配收入是农村居民人均可支配收入的 2.71 倍，城镇居

---

① 塞缪尔·亨廷顿．变动社会的政治秩序［M］．上海：上海译文出版社，1989：45.

② 米歇尔·渥克：灰犀牛——如何应对大概率危机［M］．北京：中信出版集团，2017：36.

③ 中国现代化战略研究课题组等．中国现代化报告（2007）［M］．北京：北京大学出版社，2007：259 – 260.

④ 周小亮．金融危机成因的马克思主义经济学分析及其现实思考［J］．政治经济学评论，2009（1）：116 – 131.

⑤ 赵磊．对美国次贷危机根源的反思［J］．经济学动态．2008（11）：41 – 46.

民人均可支配收入中位数是农村居民人均可支配收入中位数的2.83倍；按全国居民五等份收入分组，最高收入20%组人均可支配收入64934元，是最低收入20%组人均可支配收入5958元的10.90倍[①]。在这样的严峻态势下，当前中国现代化经济体系建设不仅不能陷入“现代化”与“稳定性”负相关的迷境，任由收入分配失衡问题恶化，而且还需在新的发展中着力破解盘桓已久的收入分配失衡问题，避免“灰犀牛”式危机。

6.2 传统分工体系衍生的利益失衡之困

准确把握收入分配失衡问题成因是建设现代化收入分配体系的必要前提，要求我们不能仅仅停留于就分配谈分配的表象分析，而应透过分配层面进行更深层的追问。这种深层追问，就是要“抓住事物的根本”[②]，因此离不开马克思主义理论的科学指导。具体而言，我们将从马克思分工理论出发，厘清马克思“分工—利益—分配”分析逻辑，并在此基础上深入分工层面探究收入分配失衡问题成因。

改革开放之前，中国收入分配平均主义倾向的背后是以利益均分为特征的利益关系格局。作为传统封闭的经济体制下分工体系的结果，这种利益格局抑制了利益创造动力，进而使得全社会利益享有与利益创造之间的总量性矛盾不断加剧。随着改革开放的开启和推进，分工体系的演进和变革成为一系列重大利益关系调整的基础，并发挥出显著的激励效应和分化效应。于是，一方面，在激励效应的作用下，利益创造动力得以激发，全社会利益创造的总量水平不断提高，利益享有与利益创造之间的总量性矛盾也在很大程度上得以化解。在改革开放的40年里，中国国内生产总值从1978年的3650亿元增至2017年的82.71万亿元；城镇居民和农村居民人均纯收入分别从1978年的343元和134元上升至2017年的36396元和13432元[③]。另一方面，日趋固

①③ 国家统计局. 中华人民共和国2017年国民经济和社会发展统计公报［N］. 人民日报，2018-03-01.

② 马克思恩格斯全集（第3卷）［M］. 北京：人民出版社，2002：207.

化的分工体系使得分化效应持续发挥，导致利益享有与利益创造之间结构性矛盾生成和激化，造成各个层面的利益关系失衡。在此情况下，全社会利益分享的质量水平受到制约，并在收入分配层面表现为收入差距的不断拉大。

可以发现，正是分工的双重效应发挥，引发利益格局深刻变动，进而使得收入分配格局呈现出与改革开放之前截然不同的状况。如果说分工的激励效应使我们获取了经济高速增长和收入总体提升，那么分工的分化效应又导致了利益关系失衡，使我们面临着严峻的收入分配失衡问题。因此，改革开放 40 多年来，作为马克思“分工—利益—分配”逻辑的现实展开，传统分工体系衍生出利益失衡之困，进而导致了收入分配失衡问题。

6.2.1 社会分工层面

社会分工既包括城乡区域分工和产业分工，又包括向外延展的国际分工和向内延展的产业内部分工①。随着分工的分化效应持续发挥，各类别的社会分工引发不同层面的利益失衡，进而导致收入分配失衡问题。

（1）虽然中国在融入全球生产分工体系之初获取了重要的开放动力，但是随着时间推移又面临着国际分工地位固化和价值链中低端锁定，从而形成国内利益创造份额被国际垄断资本挤占的利益失衡，使得收入分配的利益总量流失，加剧了国内收入分配矛盾。

（2）在不平衡发展战略下，城乡分工和区域分工中处于占优地位的城市地区和发达地区，往往存在固化现有分工关系和强化自身特殊利益的冲动，使得城乡之间、区域之间的利益耦合受阻，造成城乡之间、区域之间的利益失衡，形成城镇与乡村、发达地区与欠发达地区之间的收入分配失衡。

（3）随着中国经济虚拟化程度不断加深和虚拟经济加速膨胀，产业分工中实体经济与虚拟经济之间利益关系日趋失衡，使得全社会利润和财富不断

① 为表述方便，本书所指的“产业内部分工”，是狭义的、古典意义的产业内部分工，只指产业内生产同种最终产品的企业之间分工，不包括前文提及的 20 世纪 70 年代新出现的企业网络分工。与本书所指的“产业内部分工”不同，企业网络分工不属于马克思所定义的社会分工。

涌向金融（finance）、保险（insurance）和房地产业（real estate）等所谓"FIRE产业"，造成虚拟经济产业与实体经济产业之间、"金领"与"蓝领"之间的收入分配失衡。

（4）作为市场失灵的产物，中国经济中诸多产业垄断程度不断加重，在"分工—利益—分配"的逻辑支配下呈现出垄断性市场结构、市场行为和市场绩效的特征[①]，使得产业利润向占据垄断性地位的企业过度集聚，造成产业内部利益格局失衡，进而导致产业内部收入分配失衡。

6.2.2 企业网络分工层面

随着社会生产实践的发展和劳动分工的深化，20世纪70年代开始，企业网络分工以不同的组织形式先后出现在日本、意大利、美国等国家和地区，进而在全球范围内迅速扩散[②]。在改革开放进程中，中国积极承接来自全球发达地区的国际产业转移，大力发展加工贸易，并普遍吸纳了美国式的"垂直一体化"企业网络分工。在这样的企业网络分工中，核心企业不断巩固自身优势地位，把控产业内部的生产链高端，使得锁定在生产链中低端的其他企业陷入"网络分工困境"，并表现出对核心企业的强烈依附。显然，这种分工形式使得中低端企业获利能力、创新潜质以及发展空间都受到极大压制，造成核心企业与中低端企业之间利益关系失衡。因此，企业网络分工"垂直一体化"的组织形式，在利益层面总体反映着各生产环节企业之间自上而下、由强到弱的利益获取能力序位。更重要的是，中低端企业的不断积弱必然导致生产链的对应环节出现创新短板与发展短板，不仅阻碍了产业内部协同发展，而且进一步加剧了产业内部的利益失衡。这种恶性循环在收入分配层面的结果，必然是生产链各环节企业之间的收入分配失衡。

---

① Frederic M. Scherer. Industrial Market Structure and Economic Performance [M]. Rand McNally College Pub, 1970: 10. 笔者认为，产业经济学中哈佛学派经典的"结构（S）—行为（C）—绩效（P）"框架，反映着深层次的马克思"分工—利益—分配"分析逻辑。相较贝恩（Bain, 1959）的"结构（S）—绩效（P）"框架，"结构（S）—行为（C）—绩效（P）"框架引入了"行为（C）"，恰恰映照了马克思所说的，"人们为之奋斗的一切，都同他们的利益有关"。

② 姚智谋，朱乾龙．企业网络分工与我国产业组织结构转型［J］．江海学刊，2011（4）：228-233.

6.2.3　企业内分工层面

正如马克思所说，企业内分工以社会分工为“出发点和基础”[①]。因此，企业内分工要求与社会分工相适应，呈现出特定的具体形式和内容。20世纪90年代，中国开始建立现代企业制度，并在实践中普遍选取福特主义生产组织模式[②]。在此过程中，作为转型经济的巨大进步，社会主义企业逐渐摆脱传统计划经济体制下的附属性地位，取得了社会主义市场经济体制下的主体地位，从而实现“企业本位”[③]。但是，这段时期的劳动者地位却经历了一种反向的、类似于马克思笔下“工场手工业”式的转变，即“不仅使以前独立的工人服从资本的指挥和纪律，而且还在工人自己中间造成了等级的划分”[④]。可以说，正是福特主义生产组织模式，使得社会主义企业中的劳动者们经历了这样的境遇转变。这是因为，福特主义生产组织模式的基础是科层制的企业内分工关系。在这种企业内分工关系下，一方面，资本权威的不断强化，必然造成劳动主体地位整体旁落；另一方面，体力劳动与脑力劳动之间分离和对立的不断强化，又使得劳动者等级分化和阶层固化。在这两方面的作用下，普遍的科层制企业内分工关系造成了企业内部利益格局失衡，进而导致各成员之间收入分配失衡。

6.3　新时代收入分配体系建设的框架与路径

6.3.1　基本框架

收入分配失衡由深层次的结构性问题所致，并会引致一系列社会不稳定

---

① 马克思恩格斯全集（第32卷）[M]. 北京：人民出版社，1998：303.

② 宋磊，孙晓冬. 经济民主与社会主义市场经济的政治经济学含义：基于生产方式视角的分析[J]. 经济学家，2011（11）：5-12.

③ 蒋一苇. 企业本位论[J]. 中国社会科学，1980（1）：21-36.

④ 马克思恩格斯全集（第44卷）[M]. 北京：人民出版社，2001：417.

性问题。因此，按照渥克对“灰犀牛”式危机的分类，收入分配失衡兼具“元—灰犀牛式”危机和“多米诺类”危机的特征，需要结合结构性因素予以整体应对①。马克思“分工—利益—分配”逻辑能够充分体现马克思主义的整体性思维，在当前中国收入分配失衡问题的整体应对中彰显其重要的建设性意义。基于马克思“分工—利益—分配”逻辑可知，只有在现代化经济体系建设中推动“分工—利益—分配”整体演进，才能消除当前中国收入分配失衡问题的深层病灶，从而推进收入分配体系建设。

我们知道，现代化经济体系建设这一重大决策部署，是党中央在以人工智能为核心驱动力的新一轮科技革命和产业变革背景下提出的。那么，在当前人工智能等新技术快速发展、人类向共享社会加速迈入的崭新时代，应该如何重新组织人的生产与生活呢？现代化经济体系建设背景下“分工—利益—分配”的整体演进，正是对这一叩问的回应。随着“分工—利益—分配”整体演进的具体展开，“分工—利益—分配”的旧格局将通过分工体系调整、利益格局纠偏以及收入分配优化，最终被新的格局所取代。在此过程中，新时代收入分配体系建设的基本思路也呈现出来。

具体而言，现代化经济体系是由社会经济活动各个环节、各个层面、各个领域的相互关系和内在联系构成的一个有机整体，既包括全面开放体系、城乡区域发展体系、产业体系、市场体系等诸多体系，又包括收入分配体系②。其中，现代化的全面开放体系、城乡区域发展体系、产业体系、市场体系等体系建设，本质是通过重构社会分工、企业网络分工和企业内分工，以突破传统经济下分工体系固化的藩篱，实现分工体系的良性演进和整体跃升。新的分工体系不仅要充分释放新一轮科技革命和产业变革下的新生产力，进一步发挥出提升生产效率的“激励效应”，而且要紧扣共享发展理念和共同富裕目标，有效抑制促进利益分化的“分化效应”。这两方面作用的叠加，能够实现效率与公平的兼顾，在不断化解利益享有与利益创造之间结构性矛盾的

---

① 米歇尔·渥克．灰犀牛——如何应对大概率危机［M］．北京：中信出版集团，2017：185.

② 新华社．习近平在中共中央政治局第三次集体学习时强调 深刻认识建设现代化经济体系重要性 推动我国经济发展焕发新活力迈上新台阶［N］．人民日报，2018－02－01（01）.

同时，促使利益格局从失衡态转化为均衡态，进而使得收入分配不断优化。在此基础上，实现“分工—利益—分配”的整体演进，以之推进新时代收入分配体系建设（见图 6.1）。

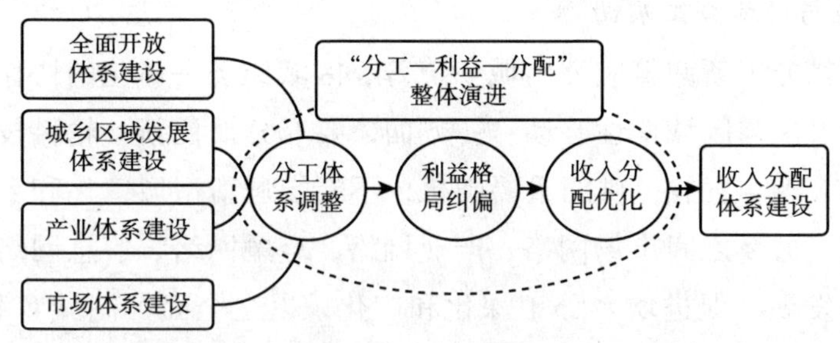

图 6.1　新时代收入分配体系建设基本框架

6.3.2　具体路径

当前，应紧扣全面开放体系、城乡区域发展体系、产业体系、市场体系等体系建设，推动社会分工、企业网络分工以及企业内分工的新调整。其中，社会分工新调整又涉及国际分工、城乡与区域分工、产业分工、产业内部分工等层面。在此基础上，纠偏各层面的利益格局失衡，促进收入分配不断优化，从而实现“分工—利益—分配”整体演进，以之推进收入分配体系建设。

1. 国际分工层面

近年来，虽然世界经济形势风云变幻，但是国际分工体系固化使得国际生产链呈现出“超稳定结构”。中国应在风云变幻中保持战略定力，紧扣全面开放体系建设，继续积极推进“一带一路”框架下的国际交流合作，主动倡议、参与和推动新一轮国际经济秩序调整。具体而言，“一带一路”不仅应通过“南—北”分工助推“南—南”分工新发展，而且应以新的“南—南”分工牵引“南—北”分工优化，打破因发达国家既得利益而形成的国际生产链“超稳定结构”。与此同时，促进国内产业迈向全球价值链中高端，积极培育若干世界级先进制造业集群，不断增强国家经济创新力和竞争力。在此基础上，推进开放型经济向更高层次发展，扭转自身在国际经济关系中的利益失衡局面。随着新的利益格局形成，中国既能凭借国际分工进一步深化与广化增加利益创造总量，又能保证国内利益创造份额不被国际垄断资本挤占，从而实现国内收入分配的利益总量扩容。

2. 城乡与区域分工层面

城乡区域分工新调整应突出城乡统筹、区域经济一体化的协作主线，实现城乡融合发展与区域良性互动。一方面，要充分抓住新一轮科技革命和产业变革为城乡融合发展提供的重要契机，不断推进新型城镇化和乡村振兴战略实施，通过城乡之间市场网络、产业网络、金融网络、信息网络、生态环境网络联通发展，促进城乡分工深化和广化，以之全面抑制城乡利益分化。另一方面，要鼓励和引导中西部和东北欠发达地区在新一轮科技革命和产业变革的起跑线上主动发力，积极发展新技术、新产业和新业态，通过跨越式发展实现对东部地区的加速赶超。在此基础上，强化城乡之间、区域之间利益耦合，促进城乡之间、区域之间利益关系均衡，从而在新的城乡区域利益均衡格局中落实共享发展，不断实现城镇与乡村之间、发达地区与欠发达地区之间收入分配均衡。

3. 产业分工层面

实体经济是科技创新的重要载体和利益创造的根本源泉，因此是现代化经济体系的坚实基础。产业分工新调整，其重点在于紧扣虚拟经济为实体经济服务的基本功能定位，调整和优化实体经济与虚拟经济的分工关系。具体而言，既要借力新一轮科技革命和产业变革，加快发展先进制造业，推动人工智能、互联网、大数据同实体经济深度融合，又要抑制虚拟经济的野蛮生长和无序扩张，瓦解虚拟经济内部既得利益集团的政策干预行为和过度分利行为，强化虚拟经济对实体经济的衔接与支撑。通过这两个方面的共同作用，推动中国产业体系整体“脱虚向实”，实现实体经济与虚拟经济之间利益关系动态均衡。在此基础上，使得全社会利润和财富在虚拟经济产业与实体经济产业之间，以及在不同产业劳动者之间实现合理分配。

4. 产业内部分工层面

在经济建设中，部分关键产业的垄断是确保经济发展和国家经济安全所必需的。除此之外的其他产业垄断，则均亟须在现代化经济体系建设中予以逐步消除。这是因为，垄断性的产业内部分工破坏了竞争有序的市场体系，阻碍了企业自主经营、消费者自由选择、商品和要素的自由流动，从而造成经济运行的整体低效。可以预见的是，新一轮科技革命和产业变革必将冲击旧分工体系形成的各类资本垄断和技术垄断。因此，一方面，应以新一轮科技革命和产业变革为契机，借助政府和市场的双重力量，调整相关产业内部旧的分工体系，破除既有的垄断格局；另一方面，积极营造新兴产业的竞争氛围，在新分工体系生成过程中防范新一波资本垄断和技术垄断形成。在此基础上，改变产业内部的企业竞争格局，纠偏产业内部因垄断而形成的利益失衡，进而推动产业内部企业之间收入分配优化。

5. 企业网络分工层面

当前中国普遍存在的“垂直一体化”企业网络分工形式，已经不利于产业内部协作发展，并阻碍了产业组织效率和企业绩效进一步提升。在新一轮科技革命和产业变革背景下，企业网络分工新调整势在必行。这是因为，随着人工智能、信息技术等高新技术的广泛运用，企业之间平台互联、资源共享、要素共融程度正在不断加深，产业组织已经呈现出扁平化、柔性化、互联化、共享化的新趋势。因此，现代化经济体系建设语境下的企业网络分工调整，应朝着扁平化、柔性化、互联化、共享化方向发展，通过更专业化的分工和更紧密的协作提高产业链的融合度和运作效能。随着产业内部生产链各环节实现协同发展，生产链各企业之间利益失衡将在新的企业网络分工中逐渐调整并得以扭转，彼此之间的收入分配也将逐渐趋于均衡。

6. 企业内分工层面

作为社会主义的一个基本观点，劳动者是企业的主体，劳动者之间则是自由平等的联合①。然而，福特主义生产组织模式下的企业内分工既难以保障劳动者主体地位，也无法实现自由平等联合。与此同时，新一轮科技革命和产业变革已经向企业内分工提出了新要求，以更好地支撑企业参与到当前激烈的质量型、创新型竞争。因此，应积极回应社会主义的内在诉求和新一轮科技革命和产业变革的外在要求，大力推进企业内分工新调整。一方面，要

① 蒋一苇．经济民主论［J］．中国社会科学，1989（1）：9－22.

实现资本的去权威化、去中心化，实现劳动者主体地位复归，进一步提升企业内部劳动者生产积极性①；另一方面，应推动企业组织去科层化，促进体力劳动与脑力劳动之间融合，努力实现劳动者自由平等联合，进一步激发劳动者的能动性和创造力。在此基础上，使得企业内部劳动者之间利益格局从失衡态逐渐转向新的均衡态，从而促进企业内部劳动者之间收入分配更加合理有序。

6.4 本章小结

正如亨廷顿所说，“现代化并不一定意味着西方化”②。当前中国推进现代化经济体系建设，必须以习近平新时代中国特色社会主义经济思想为指导，探索适合自身国情的道路。在此过程中，应充分重视和着力解决收入分配失衡问题，避免现代化引致不稳定性，不断推进社会主义共享发展。现代化经济体系建设，目的是在经济领域超越传统以获取现代性。但是，传统与现代性之间，充满着不确定性的巨大张力。回顾历史可以发现，现代化之所以引致不稳定性，往往是因为现代化进程伴随的收入分配失衡对经济社会稳定造成了巨大威胁和冲击。由此可见，对于业已开启现代化经济体系建设的中国而言，需要充分考量“现代化”与“稳定性”的负相关性，高度重视收入分配失衡问题。

改革开放以来，分工体系的演进和变革成为一系列重大利益关系调整的基础，并发挥出显著的激励效应和分化效应。于是，一方面，在激励效应的作用下，利益创造动力得以激发，全社会利益创造的总量水平不断提高，利益享有与利益创造之间的总量性矛盾也在很大程度上得以化解。另一方面，日趋固化的分工体系使得分化效应持续发挥，导致利益享有与利益创造之间

① 易淼，赵磊，葛浩阳．共享发展何以可能：一个劳资利益失衡纠偏的视角［J］．当代经济研究，2017（7）：85－89.

② 塞缪尔·亨廷顿．文明的冲突与世界秩序的重建［M］．北京：新华出版社，1998：70.

结构性矛盾生成和激化，造成各个层面的利益关系失衡，进而使得全社会利益分享的质量水平受到制约，并在收入分配层面表现为收入差距的不断拉大。具体而言，在社会分工、企业网络分工以及企业内分工等各个层面，马克思“分工—利益—分配”逻辑得以展开，促使传统分工体系衍生出利益失衡之困，形成收入分配失衡问题，并使得共享发展诉求日益强烈。

在此背景下，现代化经济体系建设已经为推进新时代共享发展提供了战略支撑。作为现代化经济体系建设的重要组成部分，现代化的全面开放体系、城乡区域发展体系、产业体系、市场体系等体系建设，本质就是通过重构社会分工、企业网络分工和企业内分工，以突破传统经济下分工体系固化的藩篱，实现分工体系的良性演进和整体跃升。因此，现代化经济体系建设势必牵引“分工—利益—分配”整体演进，“分工—利益—分配”的旧格局也将通过分工体系调整、利益格局纠偏以及收入分配优化，最终被新的格局所取代。具体而言，应紧扣全面开放体系、城乡区域发展体系、产业体系、市场体系等体系建设，推动社会分工、企业网络分工以及企业内分工的新调整。其中，社会分工新调整又涉及国际分工、城乡与区域分工、产业分工、产业内部分工等层面。

第7章　推进新时代共享发展的系统路径之生产力篇：新科技革命如何助力共享发展

基于利益分析方法的“利益—发展”协同优化思路可知，中国特色社会主义政治经济学利益分析方法强调的是完整的、系统的利益分析，并以“生产力—生产关系—上层建筑”的理论范式作为支撑。“利益—发展”协同优化，强调的是利益共享与经济发展的协同并进，从而实现改革、发展、稳定三者的统一，以之推进共享发展。结合“生产力—生产关系—上层建筑”理论范式可知，落实共享发展理念不仅需要实现生产力与生产关系相统一，并且有赖于现实中经济基础和上层建筑矛盾的解决。由此可见，推进新时代共享发展的系统路径，不仅涉及生产关系层面，而且要结合生产力以及上层建筑。因此，按照中国特色社会主义政治经济学利益分析方法，推进新时代共享发展的系统路径必须从生产力、生产关系、上层建筑三个层面予以锁定。易言之，只有在生产力、生产关系、上层建筑三个层面共同发力，才能系统破解现实中的利益分配问题和经济发展问题，才能在“利益—发展”协同优化中推进新时代共享发展。从本章开始到第9章，正是对这一分析思路的具体贯彻，分别形成推进新时代共享发展的系统路径之生产力篇、生产关系篇及上层建筑篇。

7.1　资本主义制度下技术创新与利益共享相背离

马克思在《资本论》中围绕机器的系统阐述，开头就引用了穆勒富有经济伦理色彩的一句话，即“值得怀疑的是，一切已有的机械发明，是否减轻了任何人每天的辛劳”①。在穆勒看来，以机械发明为代表的资本主义技术创新不但没有让人摆脱劳动，反而增加了人的辛劳。对此，马克思则认为，资本主义技术创新“无疑大大地增加了养尊处优的游惰者的人数”，这又是以增加了“任何不靠别人劳动过活的人”的辛劳为代价的②。马克思所描述的，是资本主义制度下技术创新与利益共享相背离的景象。由于这种背离，资本主义的技术创新虽然实现了利益创造的总量增加，却并未实现利益享有的结构优化。正如马克思所说，在资本主义社会，“现代工业和科学为一方与现代贫困和衰颓为另一方的这种对抗，我们时代的生产力与社会关系之间的这种对抗，是显而易见的、不可避免的和毋庸争辩的事实”③。这里的“现代工业和科学”与“现代贫困和衰颓”之间的对抗，揭示的正是资本主义无法实现技术创新与利益共享相统一的内生困境。这种内生困境的张力，在资本主义的劳动生产、商品消费、精神生活三个关联场域具体呈现出来，使得各场域内部利益关系失衡不断加剧。

在资本主义劳动生产场域，资本利益与雇佣劳动利益关系失衡不断加剧。对于资本主义劳动生产而言，技术创新不过是追求最大化剩余价值的手段。这是因为，技术创新“像其他一切发展劳动生产力的方法一样”，通过劳动生产率的提高，降低生活资料的价值以及生产生活资料所必需的生产资料的价值，从而“缩短工人为自己花费的工作日部分，以便延长他无偿地给予资本家的工作日部分”④。在正常工作日的基础上，“随着机器的进步和机器工人这一特殊类别工人的经验积累”，劳动速度与对应的劳动强度也得到增加。而且，技术创新还使得机器作为资本的承担者，“成了把工作日延长到超过一切自然界限的最有力的手段”⑤。于是，正如《共产党宣言》所论述的，“机器越推广，分工越细致，劳动量也就越增加，这或者是由于工作时间的延长，或者是由于在一定时间内所要求的劳动的增加，机器运转的加速，等等”⑥。

---

①②④ 马克思恩格斯全集（第44卷）[M]. 北京：人民出版社，2001：427.

③ 马克思恩格斯选集（第1卷）[M]. 北京：人民出版社，2012：776.

⑤ 马克思恩格斯全集（第44卷）[M]. 北京：人民出版社，2001：463.

⑥ 马克思恩格斯选集（第1卷）[M]. 北京：人民出版社，2012：407.

在此情况下，“物的世界的增值同人的世界的贬值成正比”①，而技术创新在一次次加速物的世界的增值以及人的世界的贬值的同时，也在不断加剧资本主义劳动生产场域中资本利益与雇佣劳动利益之间的关系失衡。

在资本主义商品消费场域，生产利益与消费利益关系失衡不断加剧。作为资本主义劳动生产的具体产物，“庞大的商品堆积”构建了物的场景，形成商品消费场域。在这个商品消费场域中，资本主义社会的个人都拥有商品买卖自由。但是，马克思认为，自由概念最重要的内涵，是摆脱经济压力和“商品拜物教”的自由②。然而，在现实中，资本主义商品消费场域的技术创新实践仅仅是为了更好地维护资本利益。作为遏制利润率下降的惯用方法，资本家热衷于新技术应用，以之不断推出各种新产品。这些不断涌现的新产品，不乏以新奇为噱头，使得置身于资本主义商品消费场域的个人迷失于过度消费、病态消费、炫耀性消费等不合理消费之中，沦为弗洛姆所说的“消费异化”，“个人不是作为一个积极承担他自身力量和丰富内心世界的人而体验着，而是作为一个依赖于他身外的、他投射于他的生命存在物的力量的、枯竭了的‘物’而体验着”③，甚至会使得他们在商品消费中充满着对技术创新带来的“新产品的普遍敌视”④。不仅如此，资本家还会通过广告、电视、互联网等大众传媒渲染以及专业营销机构游说等手段，精心编织资本主义的消费意识形态，既要最大限度地激发民众的消费欲望，还要根据生产利益的需要来设计民众的消费观念。这正如加尔布雷斯回击哈耶克的“消费者主权理论”时所说的，“生产方面的一个决定因素，或许生产方面的决定因素，其实并不是消费者选择，而在很大程度上是生产者操纵消费者的反应”⑤。加尔布雷斯的这一观点，契合于马克思批判蒲鲁东时所提出的论断，即“消费者并不比生产者自由”⑥。于是，强势的生产利益与弱势的消费利益之间的关系

① 马克思恩格斯全集（第3卷）[M]. 北京：人民出版社，2002：267.
② 海尔布隆纳. 马克思主义：赞成与反对 [M]. 北京：东方出版社，2016：110.
③ 弗洛姆. 人的呼唤 [M]. 上海：上海三联书店，1991：85.
④ 赫希曼. 转变参与：私人利益与公共行为 [M]. 上海：上海人民出版社，2008：41.
⑤ 加尔布雷思. 加尔布雷斯文集 [M]. 上海：上海财经大学出版社，2006：27.
⑥ 马克思恩格斯全集（第4卷）[M]. 北京：人民出版社，1958：86.

失衡，使得资产阶级统治下的个人更加屈从于物的力量。

在资本主义精神生活场域，物质利益与精神利益关系失衡不断加剧。技术创新支撑着资本主义商品消费不断求新、求变，使得个人沉迷于物质欲望和物质利益之中，造成精神追求和精神利益的旁落与萎缩。在资本主义社会，技术在不断批量产出泛娱乐化的“精神鸦片”的同时，也在不断批量塑造缺失精神向度的“单向度的人”。用技术来扭曲精神生活，消融精神利益追求，进而弱化一切对资本的批判和反抗，这种做法显然更加有利于资本主义统治阶级更好地实现利益的攫取与独占。西方马克思主义学者马尔库塞曾深刻指出，“发达工业社会使这种批判面临着似乎丧失它的根本依据的处境。技术进步扩展到整个统治和协作体系，并创造了一些生活（和权力）方式，这些方式显得能调和同这一体系相对立的力量”①。于是，对于资本主义社会的个人而言，单向度的虚假意识被精心编织出来，把不合理变成合理，把不自由当作自由，使得一切理想都不存在，只剩下世俗价值②。物质欲望与精神追求的脱裂，以及物质利益与精神利益的失衡，使得资本主义的技术创新并未促进人的自由全面发展。这正如习近平就马尔库塞《单向度的人》一书所作的精辟提炼：“传统的工业文明，使人变为没有精神生活和感情生活的单纯技术性的动物和功利性动物，这种物质压迫下的人，是一种变形与异化的人。③”

可以发现，在马克思主义的解释框架下，三个关联场域的利益失衡都指向一个共同的症结——资本操控技术以实现利益独占，进而造成技术创新与利益共享的背离。这一共同症结不仅直接导致资本利益与雇佣劳动利益之间的关系失衡，而且还是生产利益与消费利益之间、物质利益与精神利益之间关系失衡的深层动因。于是，资本利益独占引致技术创新与利益共享的背离，造成资本主义利益格局失衡乃至断裂，使得资本主义不可避免地走向生产危机、消费危机以及精神危机。这契合了马克思所说的，“资本主义生产的真正

---

① 马尔库塞．单向度的人——发达工业社会意识形态研究［M］．重庆：重庆出版社，1988：3－4.

② 吴学琴．挑战单向度的“意识形态”——《单向度的人》的文本解读［J］．南京社会科学，2007（10）：30－36.

③ 习近平．干在实处走在前列——推进浙江新发展的思考与实践［M］．北京：中共中央党校出版社，2006：19.

限制是资本自身”①。结合马克思的这一论断，并围绕资本主义技术创新与利益共享相背离的内生困境，海尔布隆纳作了进一步阐发，指出“资本主义的厄运是，它创造出了超越其社会制度掌控能力的生产技术机构”②。

7.2 社会主义初级阶段仍然面临技术创新与共享发展的矛盾

中国特色社会主义建设事业必须建立在人类文明的一切优秀成果之上。作为人类文明优秀成果的重要组成，技术创新是推动中国特色社会主义发展的强大催化剂。在社会主义革命与建设之初，毛泽东就深刻指出，“我们现在不但正在进行关于社会制度方面的由私有制到公有制的革命，而且正在进行技术方面由手工业生产到大规模现代化机器生产的革命，而这两种革命是结合在一起的”③。同时，毛泽东进一步分析，社会经济全部改观必须要依靠两个方面的工作，既要求“在社会经济制度方面彻底地完成社会主义改造”，又要求“在技术方面，在一切能够使用机器操作的部门和地方，通通使用机器操作”④。因此，只有将社会制度革命与技术革命相结合，将化私为公的生产关系发展与机器运用的生产力发展相结合，才能推进社会主义革命与建设。在此基础上，随着社会主义改造的完成，资本主义生产方式在中国彻底“退场”，使得资本操控技术以实现利益独占的逻辑没有可植入的现实土壤。于是，在推动技术创新方面，社会主义相较资本主义而言有其突出的优越性，主要表现在：第一，不会囿于资本主义狭隘的资本利益而对技术发展进行人为限制；第二，避免资本主义经济危机造成的技术进步中断现象；第三，不会存在资本主义的技术垄断，能够更好地对先进技术进行广泛推广；第四，

① 马克思恩格斯全集（第46卷）[M]. 北京：人民出版社，2003：278.

② 海尔布隆纳．马克思主义：赞成与反对 [M]. 北京：东方出版社，2016：89.

③ 毛泽东著作选读（甲种本）[M]. 北京：人民出版社，1965：307.

④ 毛泽东著作选读（甲种本）[M]. 北京：人民出版社，1965：314.

技术进步不仅不被劳动人民反对，而且成为全体人民的群众性事业[①]。依靠这些优越性的发挥，在社会主义革命与建设时期，我国不仅建立起一个相对独立、比较完整的工业体系，而且取得了以“两弹一星”、超级杂交水稻、汉字激光照排、人工合成胰岛素、青蒿素等为代表的技术创新成果，使得自身能够以崭新的姿态屹立在世界的东方。

然而，与马克思、恩格斯对未来社会的设想不同的是，社会主义中国并非建立在生产力较高的水平之上，而是脱胎于半殖民地半封建社会。在此情况下，虽然技术进步所带来的利益能够充分惠及全体人民，但是低下的生产力水平决定了这种利益共享的层次很低。于是，利益创造与利益享有之间的总量性矛盾客观存在并且日益突出，使得经济社会内部不断蓄积形成变革动力。在这里，利益创造是总量性矛盾的主要方面。而不断蓄积的变革动力，正是要求通过一系列的重大利益关系调整，更好地促进技术进步和释放利益创造动能，从而实现技术进步与利益共享之间高水平的统一。正如历史所呈现的那样，变革动力催生出改革开放，要求党和国家把工作重点转移到社会主义现代化建设上来，并探索和完善中国特色社会主义市场经济。在新的时空下，资本作为市场经济的必要构件“再出场”，并被赋予鲜明的工具性色彩。作为这种工具性色彩在技术层面的具体体现，一方面，资本应推动社会主义经济的资源配置优化，更好促进技术进步和生产力发展，以之实现利益创造动能的大幅提升；另一方面，资本作为被改造和被驯化的对象，必须消融通过操控技术来获取独占利益的冲动，避免资本对社会主义利益共享造成阻碍甚至破坏。基于这种新的“资本—技术”关系，一个应然的状态是：社会主义技术创新不仅应该充分尊重市场经济的规律，而且应该充分体现社会主义的本质要求，从而把社会主义的优越性与市场经济的长处有机结合起来，充分释放出技术创新对经济社会发展进步的推动作用，不断促进社会主义共享发展。

反观改革开放以来的历史实践，实然状态与应然状态之间却存在着罅隙。作为不容置疑的事实，改革开放40多年来，资本不断激发技术创新动力，通过大幅度提升利益创造水平，逐渐消融了利益创造与利益享有之间的总量性

---

① 蒋一苇. 蒋一苇文集（第二卷）[M]. 北京：经济管理出版社，2013：340－343.

矛盾。但是与此同时，实然状态的资本驯化并未取得设想的效果，使得社会主义“资本—技术”关系也出现偏离。于是，在“以自我增值为目的”的逻辑支配下，资本操控技术以实现利益独占的态势在社会主义市场经济中日益彰显，进而引致出利益创造与利益享有之间的结构性矛盾。这种结构性矛盾，又会通过社会主义劳动生产场域、商品消费、精神生活等关联场域层层展开，导致各场域内部利益关系矛盾生成并激化。

7.2.1 在社会主义劳动生产场域，资本利益与劳动利益之间的矛盾生成并激化

改革开放以后，党和国家破除了所有制问题上的传统观念束缚，确立了社会主义初级阶段的基本经济制度。与此同时，新的劳资利益关系在各经济领域生成。一方面，资本激发了技术创新动能，提升了全社会技术水平。在此基础上，技术创新作为重要引擎，有力推动了经济快速增长，实现利益创造水平提升和利益总量扩容。改革开放40多年，各领域各行业普遍的技术进步是全要素生产率（TFP）增长的主要源泉，经济增长动力约1/3来自经济体内部各行业技术水平的普遍提升①。但是，另一方面，技术进步并未充分提升利益享有水平。从20世纪90年代开始，我国建立的现代企业制度在实践中明确选择了资本主权型的企业微观基础②。这样的微观制度选择，使得社会主义劳动生产场域存在一种并不合理的倾向：随着中国产业嵌入全球生产链中低端，资本主导的技术进步主要来源于“后发优势”的技术引进，这种“亦步亦趋”式的技术升级造成中国产业在全球生产链的“中低端锁定”以及对廉价劳动力的过度依赖，从而阻碍了劳动者利益享有水平的提升，激化了劳资利益关系矛盾③。根据2017年的《中国劳动统计年鉴》，2016年全国劳动

① 蔡跃洲，付一夫．全要素生产率增长中的技术效应与结构效应——基于中国宏观和产业数据的测算及分解［J］．经济研究，2017，52（1）：72－88．

② 荣兆梓．通往和谐之路：当代中国劳资关系研究［M］．北京：中国人民大学出版社，2010：5．

③ 易淼，赵磊，葛浩阳．共享发展何以可能：一个劳资利益失衡纠偏的视角［J］．当代经济研究，2017（7）：85－89．

争议仲裁当期案件受理数达到了 82.84 万件，是 1996 年当期案件受理数的 17.2 倍，其中劳动者一方发起的申诉案件数 80.11 万件，因劳动报酬引发的申诉案件数 34.57 万件。

7.2.2　在社会主义商品消费场域，生产利益与消费利益之间的矛盾生成并激化

我国社会主义初级阶段，仍然处于马克思划分的“以物的依赖性为基础”的阶段。因此，社会主义商品消费场域未能摆脱“物的依赖性”，使得“活动和产品的普遍交换已成为每一单个人的生存条件，这种普遍交换，他们的相互联系，表现为对他们本身来说是异己的、独立的东西，表现为一种物”①，进而导致生产利益与消费利益之间的矛盾生成。不仅如此，在社会主义商品消费场域，新技术运用的日新月异，不断推动广告媒介、营销手段特别是商业模式的变革。在此基础上，一方面，民众的消费便利和消费热情得到极大提升。以近年来兴起的“双 11”网络购物节为例，商务部统计数据显示，2017 年“双 11”当天网络购物交易额为 2539.7 亿元，其中仅天猫商城的交易额就高达 1682 亿元。而这种当日巨量交易又离不开背后的新技术支撑，比如阿里巴巴集团为天猫商城搭建了全球最大规模的混合云基础设施，并将核心交易系统放在云计算平台上。但是另一方面，过度消费、透支消费等不合理消费问题在社会主义商品消费场域滋生。例如，2017 年“双 11”网络购物节当日，阿里巴巴集团旗下的蚂蚁金融服务集团给超过 8000 万元的消费信贷用户进行临时提额，追加了超过 1760 亿元的信用额度②。于是，在社会主义商品消费场域，人对物的依赖性存在着不断加重的趋势，不断透支未来的消费能力，使得生产利益与消费利益之间的矛盾激化，并以高负债率的形式表现出来。有研究报告表明，截至 2017 年，中国家庭债务占 GDP 的比重就已经攀升至

---

① 马克思恩格斯全集（第 30 卷）[M]. 北京：人民出版社，1995：107.

② 刘筱攸．“双 11”花呗千亿信用提额背后：钱究竟从何而来？[N]. 证券日报，2017-11-14(05).

48%，远远超过其他发展中国家；中国家庭债务与可支配收入之比高达107.2%，已经超过美国当前水平，并且逼近2008年美国金融危机前的峰值①。

7.2.3 在社会主义精神生活场域，物质利益与精神利益之间的矛盾生成并激化

在社会主义制度下，技术进步不仅应该提升物质利益的创造和享有水平，而且应该被充分运用于非物质领域，更好地促进社会主义文化生产能力和精神生活水平提升。人的自由全面发展是兼顾物质生活和精神生活的发展，是物质利益与精神利益之间协调统一的发展。技术进步在社会主义精神生活场域的运用，正是为更好地丰富社会主义人民群众的精神生活，从而在精神向度支撑人的自由全面发展。同时，历史已经证明还将不断证明，“一个不属于任何文明的、缺少一个文化核心的国家”，就“不可能作为一个具有内聚力的社会而长期存在”②。改革开放以来，新技术运用不断扩宽社会主义精神生活场域，不断引导文化生产与消费变革，从而有力助推了社会主义文化生产能力和精神生活水平的提升。但是与此同时，由于资本利益的驱动，社会主义精神生活场域的社会效益和经济效益关系出现错位，即片面追求经济效益破坏了社会效益，进而使得物质利益与精神利益之间的矛盾激化。具体而言，一方面，从精神生活的供给结构来看，资本和新技术青睐于营利性精神生产，倾向于迎合小众的精神需求，使得非营利性精神生产受阻，大众的精神需要难以满足；另一方面，从精神生活的供给质量来看，精神生产的质量良莠不齐，部分领域甚至被资本所裹挟，不断挑战利益界限、道德界限和法律界限，产出大量的充满负能量的精神垃圾。以近年来随着互联网技术发展而兴起的网络直播产业为例，由于受到资本利益驱使，不少网络直播平台充斥着浮泛、俗艳、夸饰甚至违法违规的内容。仅在2018年2月开展的一次清网行动中，

---

① 田国强等. 警惕家庭债务危机及其可能引发的系统性金融风险［R］. 上海财经大学高等研究院政策研究报告，2018（3）.

② 亨廷顿. 文明的冲突与世界秩序的重建［M］. 北京：新华出版社，1998：353－354.

国家网信办会同工信部就关停10家违规直播平台，封禁严重违规主播账号1401个，关闭直播间5400余个，删除短视频37万条[①]。但是，与此同时，真正能够满足大众精神需求、富有社会效益的教育、财经、旅游、健康、会展等内容，未能通过网络直播平台这种新的精神生活媒介予以充分供给。

7.3　借力新技术革命的社会主义共享发展之路

党的十九大报告指出，“经过长期努力，中国特色社会主义进入了新时代”[②]。社会主义初级阶段客观存在的技术创新与共享发展的矛盾，使得社会主义劳动生产场域、商品消费、精神生活等关联场域内部利益关系矛盾生成并激化，势必阻碍新时代中国特色社会主义事业的蓬勃发展。由此来看，在当前改革开放新的历史关口，如何迎接世界新一轮科技革命和产业变革同我国转变发展方式的战略交汇期，充分借力于新科技革命推动作为新发展理念落脚点的共享发展理念贯彻落实，以实现技术创新与利益共享在更高水平的统一，构成了新时代中国特色社会主义建设的一项重要内容。

同时，正如列宁所精辟指出的，“只有社会主义才能使科学摆脱资产阶级的桎梏，摆脱资本的奴役，摆脱做卑污的资本主义私利的奴隶的地位”[③]。因此，在改革开放的历史进程中，虽然资本驯化尚未取得设想的效果，社会主义“资本—技术”关系已经出现偏离，资本操控技术以实现利益独占的态势不断显现，但是这些问题所反映出的矛盾仍然属于非对抗性矛盾，仍然能够在中国特色社会主义的不断发展中加以解决。具体而言，应积极借助新科技革命的巨大势能，充分发挥中国特色社会主义的制度优势，不断弥合实然状态与应然状态之间的罅隙，通过加强资本驯化、促进“资本—技术”关系复

---

① 国家网信办．国家网信办依法查处一批严重违规网络直播平台和主播，http：//www.cac.gov.cn/2018－02/13/c_1122415948.htm.

② 习近平．决胜全面建成小康社会夺取新时代中国特色社会主义伟大胜利——在中国共产党第十九次全国代表大会上的报告［M］．北京：人民出版社，2017：10.

③ 列宁全集（第34卷）［M］．北京：人民出版社，1985：356.

位以及扼制资本利益独占态势，加快实现新时代社会主义劳动生产场域、商品消费场域、精神生活场域三大场域内部利益关系均衡。随着三大场域内部利益关系均衡的实现，资本利益与劳动利益矛盾、生产利益与消费利益矛盾以及物质利益与精神利益矛盾也将得到有效释缓，使得各场域中新科技革命带来的利益能够充分惠及社会主义全体人民，从而实现技术进步与利益共享之间在新的更高水平上的统一，使得新科技革命充分助推新时代中国特色社会主义共享发展。

7.3.1 实现新时代社会主义劳动生产场域共享发展

实现新时代社会主义劳动生产场域的资本利益与劳动利益关系均衡，从而实现这一场域技术进步与利益共享之间在新的更高水平上统一，需要紧扣两个方面。一方面，抢占新科技革命的机会窗口，以信息化、智能化为杠杆培育新动能，推进互联网、大数据、人工智能同实体经济深度融合，特别是以智能制造为主攻方向推动产业技术变革和优化升级，从而推动制造业产业模式根本性转变。在此基础上，积极打破我国产业在全球生产链的“中低端锁定”，促进我国产业迈向全球价值链中高端，从而摆脱对廉价劳动力的过度依赖，拓宽社会主义劳动者利益的提升空间。另一方面，正如陈云所说，“资本主义靠技术驾驭工人，社会主义靠工人职员驾驭技术”①。作为社会主义的一个基本观点，劳动者是企业的主体，劳动者之间是自由平等的联合。以人工智能、信息技术等高新技术为代表的新技术革命，势必引发企业组织的去科层化、扁平化和共享化，不断推进企业内部脑体劳动新融合。这些新的趋势都将契合社会主义劳动生产场域去资本中心化的内在要求，促进劳动者主体地位复归，不断实现劳动者自由平等联合。在此基础上，实现劳动生产场域中技术与劳动之间的更好结合，进一步激发劳动者的能动性和创造力，并不断实现劳动者本位。通过这两个方面的工作，使得新时代社会主义劳动生产场域内部资本利益与劳动利益关系矛盾不断释缓，并逐渐转向新的均衡态，

---

① 陈云文集（第一卷）［M］. 北京：人民出版社，2005：646.

从而助推劳动生产场域共享发展。

7.3.2 实现新时代社会主义商品消费场域共享发展

新时代中国特色社会主义仍然属于社会主义初级阶段，仍然没有超越“以物的依赖性为基础”的阶段，因此应充分借助新科技革命，实现消费结构升级和消费环境改善，把商品生产从以生产利益为导向转到满足人民群众真实的消费需求上来，从而不断增强消费拉动经济的基础作用。具体而言，一方面要以新科技革命带动消费结构稳步升级，不仅要通过高新技术向传统产业延展，有序促进新能源汽车、节能环保住房等大宗消费的换代升级，而且要充分发挥新技术的集约性和外溢性，大力支持信息、品质、简约、绿色等新型消费。在此基础上，按照党的十九大报告所强调的，“倡导简约适度、绿色低碳的生活方式，反对奢侈浪费和不合理消费”①，积极规避由不合理消费引致的家庭债务风险。另一方面要以新科技革命促进消费环境改善，既要通过新技术的大力推广更好地提升消费便利性，又要防范新的广告媒介、营销手段以及交易方式沦为资本用以诱导不合理消费的工具。以广告媒介为例，要规范新技术支撑下的多渠道广告媒介行为，弱化其劝导性陈述，强化其信息性表达，以之更好地服务于社会主义人民群众的消费利益需求②。在此基础上，使新科技革命更好地促进生产利益与消费利益，不断实现新时代社会主义商品消费场域利益关系均衡，助推商品消费场域共享发展。

7.3.3 实现新时代社会主义精神生活场域共享发展

新科技革命推动新时代高质量发展，不仅应体现在物质领域，而且应该

---

① 习近平．决胜全面建成小康社会夺取新时代中国特色社会主义伟大胜利——在中国共产党第十九次全国代表大会上的报告［M］．北京：人民出版社，2017：51.

② 广告媒介可以分为信息型和劝导型，信息型广告媒介旨在描述产品的存在、特征和销售条件等内容，劝导型广告媒介旨在试图干预和改变消费者选择。信息型广告媒介行为能够改善买卖双方信息不对称，能更好地维护消费利益（吴汉洪．产业组织理论［M］．北京：中国人民大学出版社，2007：233）。

体现在精神领域。正如习近平所说的，“以高质量文化供给增强人们的文化获得感、幸福感”①。因此，在新时代，作为人民日益增长的美好生活需要的重要构成，精神生活需要迫切要求社会主义文化生产能力和精神生活水平能够借力于新科技革命而不断提升。具体而言，应以新科技革命为驱动，推进文化事业产业发展以及文化生产与消费模式变革，从而实现新时代社会主义精神生活场域利益关系均衡，助推精神生活场域共享发展。一方面，随着社会文明的发展，社会主义精神生活水平相对于物质生活水平而言，应该提升得更快，这是一个规律性的趋势②。因此，应积极把握规律性趋势，并紧扣社会主义文化强国建设目标，充分发挥新科技革命催助文化产业跨界联姻、文化要素跨界互动、文化与科技深度融合的革命性力量，推动新时代社会主义文化事业全面繁荣和文化产业快速发展。另一方面，基于云计算、人工智能、物联网等新科技革命成果的运用，不论是新兴文化业态还是转型升级的传统业态都已呈现出鲜明的大众性、互动性、普惠性、共享性等新特征。因此，应紧扣这些新特征，坚守中华文化立场，突出社会参与、重心下移、共建共享，全面形成社会效益放在首位、社会效益和经济效益相统一的文化生产与消费模式，不断满足人民群众日益增长的精神生活需求。

7.4 本章小结

资本主义必然陷入技术创新与利益共享相背离的困境。在此状态下，资本主义的技术创新虽然实现了利益创造的总量增加，却并未实现利益享有的结构优化。而且，这种内生困境的张力，在资本主义的劳动生产、商品消费、精神生活三个关联场域具体呈现出来，使得各场域内部利益关系失衡不断加剧。在资本主义劳动生产场域，资本利益与雇佣劳动利益关系失衡不断加剧。

① 习近平．习近平在全国宣传思想工作会议上强调 举旗帜聚民心育新人兴文化展形象 更好完成新形势下宣传思想工作使命任务［N］．人民日报，2018－08－23（01）．

② 程恩富．论文化与市场经济的共生互动效应［J］．复旦学报（社会科学版），1994（3）：23－27．

在资本主义商品消费场域，生产利益与消费利益关系失衡不断加剧。在资本主义精神生活场域，物质利益与精神利益关系失衡不断加剧。可以发现，在马克思主义的解释框架下，三个关联场域的利益失衡都指向一个共同的症结，即资本操控技术以实现利益独占，进而造成技术创新与利益共享的背离。这一共同症结不仅直接导致资本利益与雇佣劳动利益之间的关系失衡，而且还是生产利益与消费利益之间、物质利益与精神利益之间关系失衡的深层动因。

中国特色社会主义建设事业必须建立在人类文明的一切优秀成果之上。作为人类文明优秀成果的重要组成，技术创新是推动中国特色社会主义发展的强大催化剂。改革开放以来，有效激发资本活力，以之不断激发技术创新动力，使得利益创造水平大幅度提升，逐渐消融了利益创造与利益享有之间的总量性矛盾。但是与此同时，资本操控技术以实现利益独占的态势在社会主义市场经济中日益彰显，进而引致利益创造与利益享有之间的结构性矛盾。这种结构性矛盾，又会通过社会主义劳动生产场域、商品消费场域、精神生活场域等关联场域层层展开，导致资本利益与劳动利益之间、生产利益与消费利益之间、物质利益与精神利益之间矛盾生成并凸显。

新科技革命是新时代中国特色社会主义建设与发展的强大催化剂，势必进一步释放历次科技革命积蓄的巨大能量，引发生产方式的一场新变革。在当前新的历史关口，新时代中国特色社会主义建设既要努力克服“三期叠加”的不利影响，又要在发达国家的贸易保护主义中保持足够的战略定力，充分借力于新科技革命，不断实现新时代技术创新与利益共享在更高水平的统一。在此基础上，应积极实现新时代社会主义劳动生产场域、商品消费、精神生活三大场域内部利益关系均衡，并有效保障新科技革命促进利益创造水平和利益享有水平的同步提升，以加速从物之依赖的“必然王国”向人之解放的“自由王国”飞跃，不断推进新时代中国特色社会主义共享发展。

第8章　推进新时代共享发展的系统路径之生产关系篇：纠偏劳资利益失衡以推动共享发展

在利益视域下，共享发展理念贯穿着强烈的问题意识，直面的是改革开放以来不断蓄积的利益失衡问题。恩格斯曾深刻指出，“资本和劳动的关系，是我们全部现代社会体系所围绕旋转的轴心”[①]。作为利益失衡问题的轴心，劳资利益失衡问题在现实中日益突出，成为当前共享发展面临的最严峻挑战。在此背景下，纠偏劳资利益失衡显得尤为迫切和重要，是从生产关系层面推进新时代共享发展的重要切入点和突破口。

8.1　劳资利益失衡是共享发展面临的最严峻挑战

在资本主义制度下，作为社会体系轴心的劳资关系始终体现的是无产阶级和资产阶级之间的利益关系。虽然资本主义劳资利益关系在表现形式上不断演变，但是只要作为资本主义本质特征的雇佣劳动制度没有改变，劳资利益的对抗性矛盾就不会消除。而且，在资本主义生产方式中，资本是作为一种统治的社会关系存在的，是控制劳动的执行者[②]。资本在通过积累和扩张以

① 马克思恩格斯选集（第2卷）[M]．北京：人民出版社，1995：589.

② 罗伯特·L. 海尔布隆纳．马克思主义：赞成与反对．北京：东方出版社，2016：84.

强化其统治地位的同时，又在迈向自身的毁灭。这正如马克思所指出的，资本主义生产的真正限制恰恰是资本本身，“劳动和资本的这种对立一达到极端，就必然是整个关系的顶点、最高阶段和灭亡”[①]。因此，资本主义最终走向的既不是“共享”，也不是“发展”，而是共享发展的反面，即资本主义私有制丧钟鸣响下的利益断裂和社会崩塌。

随着我国社会主义市场经济体系的建立和完善，劳资关系作为最基本的利益关系存在于生产、交换、分配、消费等各个层面，成为整个利益关系体系赖以旋转的轴心。理解社会主义的劳资利益关系，首先需要把握社会主义经济中的资本范畴。我们知道，在马克思看来，资本“是一定的、社会的、属于一定历史社会形态的生产关系”，体现着“特有的社会性质”[②]，是一个资本主义经济的特定范畴。但是，面对社会主义初级阶段的经济也是市场经济这一马克思无法预见的新情况[③]，资本范畴作为市场经济的重要构件，理应被我国社会主义经济所吸纳。这既是理论创新，又是现实挑战。所谓现实挑战，即我们不仅要引入资本，而且还要有意识地改造资本，实现对资本的驯化。在此过程中，我们既要肯定资本的增殖性，又要抑制资本追求剩余价值的贪婪性和分配经济利益的独占性。唯有做到如此，社会主义条件下的资本才能在“做大蛋糕”和“分好蛋糕”两个方面同时发挥出积极作用，进而呈现出与资本主义条件下的资本所不同的特殊性。在这种应然状态下，社会主义的劳动与资本之间实现利益共享，形成劳资利益关系均衡，体现共享发展方向。然而，随着改革开放的不断推进，在经济社会大转型和大发展的过程中，我国的劳资利益关系出现了大调整和大分化。同时，资本的原始冲动不断显现，与劳动之间强弱对比日渐悬殊，使得劳资之间呈现出利益失衡态势。这种劳资之间强弱悬殊下的利益失衡，已经在劳动报酬、劳动时间和劳动强度等方面充分显现，成为当前共享发展面临的最严峻挑战。

首先，劳动报酬份额作为一个直观的考量指标，可以帮助我们评判劳动

---

① 马克思 . 1844 年经济学哲学手稿［M］. 北京：人民出版社，2000：67.

② 马克思恩格斯全集（第 25 卷）［M］. 北京：人民出版社，1974：920.

③ 蒋学模 . 社会主义经济中的资本范畴和剩余价值范畴［J］. 经济研究，1994（10）：54 – 58.

报酬是否处于合理状态。基于我国收入法 GDP 中的劳动者报酬这一宽口径数据进行测算，劳动报酬份额自 2002 年以来一直在 50% 以下低位运行和波动，其中 2006 ~ 2007 年达到谷底，降至 40% 以下[①]。如果将宽口径劳动报酬数据调整为只考虑雇员经济部门的窄口径数据，剔除自雇经济部门的混合收入影响，并按照国际通用的雇员劳动报酬占全部 GDP 份额的方式来测算，目前我国劳动报酬份额仅为 30% 左右，低于相同口径下发达资本主义国家平均 50% 左右的水平[②]。显然，整体偏低的劳动报酬份额，难以支撑社会主义劳动者日益增长的物质文化需要的满足。

其次，社会主义经济中那些未被驯化的资本，“由于无限度地盲目追逐剩余劳动，像狼一般地贪求剩余劳动”，“侵占人体成长、发育和维持健康所需要的时间”[③]。延长劳动者的劳动时间，能够满足这些资本的贪欲。同时，工作日界限的伸缩性又为劳动时间延长提供了可能。如马克思所说，“工作日是在身体界限和社会界限之内变动的。但是这两个界限都有极大的弹性，有极大的变动余地”[④]。现实中，工作日的法律界限是对身体界限和社会界限的充分兼顾。按照我国《劳动法》的相关规定，劳动者每天劳动时间不超过 8 小时，平均每周劳动时间不超过 44 小时。但是，当前我国大量劳动者面临着劳动时间延长甚至过度劳动的艰难境况。国家统计局“2015 年农民工监测调查报告”的数据显示，在我国 2.77 亿的农民工队伍中，每周劳动时间超过法定时间 44 小时的人数比重高达 85%。而且，当前所谓的“自愿加班”“主动加班”现象，恰恰反映的是在劳动报酬份额偏低的情况下，许多劳动者必须通过更长时间劳动来获取足够收入的迫不得已，因为“新的生活方式要求个人必须将‘时间就是金钱’这个观念放在其核心位置”[⑤]。

最后，在资本原始冲动的支配下，劳动强度的提高也成为必然。马克思

① 刘刚．工资增速超过劳动生产率的政治经济学解读——基于知识产权优势视角［J］．马克思主义研究，2016（10）：75－85.

② 张车伟，赵文．中国劳动报酬份额问题——基于雇员经济与自雇经济的测算与分析［J］．中国社会科学，2015（12）：90－112.

③ 马克思．资本论（第1卷）［M］．北京：人民出版社，1975：295.

④ 马克思．资本论（第1卷）［M］．北京：人民出版社，1975：260.

⑤ 潘毅．中国女工：新兴打工者主体的形成［M］．北京：九州出版社，2011：98.

指出，资本提高劳动强度“是通过两种方法达到的：一种是提高机器的速度，另一种是扩大同一个工人看管的机器数量，即扩大工人的劳动范围”①。这两种情况在现实中都有所体现，特别是在代工企业中表现得尤为显著。第一种情况，突出表现为企业生产的流水线速度较高并有不断提升的趋势②。而且，在加快的流水线速度下，资本意志还要力图使总的空闲时间最少，或使做某额定工作的劳动者人数最少，以实现“流水线平衡”③。第二种情况，突出表现为这些企业借助自动化技术，增加单个劳动者看管机器的数量，扩大劳动范围，从而增加劳动强度。然而，不管是哪种情况，劳动强度的提高都是以同一时间内劳动消耗的增加为前提的④。在这样的处境下，劳动者的劳动紧张程度不断提高，劳动时间空隙也被紧密填充，使得体面劳动和全面发展难以实现。

8.2　劳资利益失衡形成逻辑的三维度解析

我国学术界在探讨劳资关系时，往往侧重于单一维度的分析，其中又以基于企业管理视角的分析居多。但是，在利益层面，劳资利益关系不仅构成企业内部利益格局的核心内容，而且是整个经济社会利益关系中最基本、最重要的组成部分。当前我国劳资利益失衡，应被置于改革开放的整体视域中予以科学把握。同时，结构就是关系，结构变迁就是关系调整。因此，从改革开放的整体视域把握改革开放中的生产关系调整，应从宏观、中观与微观三个维度的结构变迁予以切入。具体而言，我国劳资利益失衡，应是改革开放以来如下三个维度结构变迁的共同结果：一是宏观维度的国民经济所有制结构变迁；二是中观维度的产业结构变迁；三是微观维度的企业组织结构变迁。

---

① 马克思．资本论（第1卷）［M］．北京：人民出版社，1975：452.

② 宋磊，孟捷．富士康现象的起源、类型与演进［J］．开放时代，2013（4）：125－136.

③ G. 萨尔文迪．现代管理工程手册（上）［M］．上海：机械工业出版社，1987：72－84.

④ 马克思．资本论（第1卷）［M］．北京：人民出版社，1975：572.

在唯物史观的指导下，我国改革开放的实质是“不断适应社会生产力发展调整生产关系，不断适应经济基础发展完善上层建筑”，“适应我国社会基本矛盾运动的变化来推进社会发展”①。因此，作为整个社会生产关系基础的所有制结构应被视为发展生产力的手段，而不再仅仅被固化为目标追求②。这就使得宏观层面的国民经济所有制结构调整与变迁成为改革开放进程中最关键的环节，发挥对促进生产力发展的积极作用。不仅如此，宏观所有制结构变迁还对劳资利益关系具有双重效应。一方面，社会主义初级阶段基本经济制度的确立，使得对资本范畴的吸纳和对雇佣劳动关系的重塑不可避免，从而成为劳资利益矛盾生成与展开的“启动阀”；另一方面，社会主义初级阶段基本经济制度强调公有制经济的主体地位，使得社会主义劳资利益矛盾具有非对抗性特征，从而成为防范劳资利益矛盾转变为对抗性矛盾的“稳定器”。因此，正是宏观层面的国民经济所有制结构变迁，使得我国劳资利益矛盾得以生成，并且在非对抗性的可控区间内展开。

但是，利益矛盾的生成与展开，并不等同于利益失衡，前者向后者的演变显然还需要其他必要条件。中观层面的产业结构变迁，构成了必要条件之一。在历史唯物主义视角下，产业是人的社会活动，是社会化了的人工自然③。产业体现的是社会生产方式的发展，即统一的社会生产力和社会生产关系的发展，并以社会的系统实在方式展现出来④。那么，依社会所有制结构变迁的逻辑推理，产业结构势必发生相应变迁，并为非公有制经济的资本创造产业领域的栖息空间。回顾历史可知，这一变迁的路径是推行“抓大放小”，在优化公有经济产业布局结构的同时，为非公经济发展营造有利条件。作为这一变迁的结果，一方面，我国积极顺应了20世纪90年代西方及亚太发达地区投资环境变化，将自身打造成为“世界工厂”；另一方面，我国对“三来一补”、代工生产等“两头在外”模式产生严重的路径依

---

① 习近平在中共中央政治局第十一次集体学习时强调 推动全党学习和掌握历史唯物主义 更好认识规律更加能动地推进工作［M］. 北京：人民出版社，2013：3.

② 赵晓雷. 中国经济思想史［M］. 大连：东北财经大学出版社，2013：311.

③ 雷毅. 论人工物的社会化［J］. 晋阳学刊，2005（6）：62－65.

④ 曾国屏. 唯物史观视野中的产业哲学［J］. 哲学研究，2006（8）：3－8，127.

赖，使得产业结构整体上锁定在全球生产链中低端，发展质态难以提升。在此背景下，由于全球范围内不平等交换规律的作用发挥，国内产业不可避免地遭受发达国家的国际剥削，使得国内产业创造的利益份额被国际垄断资本所挤占。与此同时，这种国际垄断资本挤占的外部压力，又会在利润约束的作用下转移到国内，内化为国内产业资本对劳动的压力，从而激化了劳资利益矛盾。

另外，改革开放过程中企业组织结构变迁，对劳资利益关系施加了更为直接的影响，构成劳资利益失衡的又一必要条件。在20世纪80年代末，蒋一苇在“企业本位论”基础上提出“经济民主论”，强调实现两个本位：一个是从国家与企业关系出发，强调实现企业本位，主张将企业改造为“实行自主经营、自负盈亏、自我积累、自我发展”的独立经济实体；另一个是从企业与职工的关系出发，强调实现劳动本位，主张基于“劳动者是企业的主体，劳动者之间则是自由平等的联合”的社会主义立足点来增强劳动者主体性①。然而，在改革开放进程中，这两个本位的实现并未得到同步推进，其中后者的进度明显滞后。具体而言，我国建立的现代企业制度实际上指美国的现代企业制度，更多地具有福特主义特征②。后福特主义的企业组织模式则被排斥在改革进程之外，我国本土的优秀企业管理思想也被束之高阁。这样的微观制度选择，恰恰迎合的是产业结构的变迁，并与产业结构在全球生产链中所处的中低端地位相对应。在此情况下，我国企业普遍表现出浓厚的福特主义色彩，过度地依靠低廉劳动力成本优势，并且受资本利益驱使而控制薪资水平、延长劳动时间以及增加劳动强度。与此同时，广大劳动者则被推送到飞速的生产流水线旁、激烈的就业竞争中、艰辛的维权路途上，并且面对产业后备军以及自动化机器，不得不接受低水平收入、长时间工作和高强度劳动。

以上可知，作为宏观所有制结构变迁、中观产业结构变迁以及微观企业

① 蒋一苇．经济民主论［J］．中国社会科学，1989（1）：9－22.

② 宋磊，孙晓冬．经济民主与社会主义市场经济的政治经济学含义：基于生产方式视角的分析［J］．经济学家，2011（11）：5－12.

组织结构变迁的共同结果，我国劳资利益矛盾在改革开放的进程中生成、展开与激化，使得劳资之间形成支配从属的颠倒局面。在这种颠倒局面下，劳动本位体现不足，资本本位充分凸显，使得劳资利益之间相对的统一无法实现，从而造成劳资利益失衡。

8.3 三维度结构性调整下的共享发展

共享是中国特色社会主义的本质要求。当前推进共享发展的切入点和突破口，是对劳资利益失衡的现实困境予以突围。在现实中，突围劳资利益失衡困境以及推进共享发展，不能被简单地理解为分配层面的上涨工资水平和提升劳动报酬。这是因为，仅仅在分配层面进行调整，虽然使得劳动者“吃穿好一些，待遇高一些”，“对资本的从属关系是采取可以忍受的”形式①，但是却无法消除这种不合理的从属关系本身，从而也不能实现社会主义劳资利益均衡。因此，结合劳资利益失衡的形成逻辑，我们应通过宏观、中观与微观三维度的结构性调整对劳资利益失衡进行系统纠偏，以之推进共享发展。

在宏观层面，迫切要求通过强化公有制主体地位来促进所有制结构优化。我国改革开放的启动时段，恰逢西方主要资本主义国家的新自由主义转向。在随后的历史进程中，新自由主义不仅渗透到我国意识形态领域，而且通过鼓吹私有化挺进到我国经济基础领域，对我国社会主义初级阶段基本经济制度构成了严重威胁。在此背景下，我们只有坚决抵制新自由主义，强化公有制主体地位，才能保障社会主义内在“稳定器”的作用发挥，将劳资利益矛盾限定在非对抗性的可控区间内，从而为纠偏劳资利益失衡提供必要基础。具体而言：首先，要做强做优做大国有企业，更好发挥国有经济主导作用。国有企业作为国家控制经济的稳固中心，多年来已经为相当部分的人民群众

① 马克思．资本论（第1卷）[M]．北京：人民出版社，1975：678.

维持着一张社会安全网络①。在未来改革中，要实现国有企业的浴火重生，使之成为广大人民群众能够作为所有者参与劳动的新型社会生产关系②。其次，要探索集体所有制有效实现形式，积极壮大集体经济实力。我们既要防止集体经济资产的“内部人侵占”，又要防止外部资本侵吞集体经济资产，并在此基础上，尊重和发扬社会主义劳动者的改革首创精神，积极探索集体化新路径，提升和推广以“塘约道路”为代表的新型模式。最后，要增强各种所有制经济之间的互融性和互补性，积极发展混合所有制经济。我们要基于“交叉持股、相互融合”的原则，全面把握混合所有制经济发展的科学内涵，不能将发展混合所有制经济片面理解为所谓的“国退民进”甚至私有化。作为混合所有制经济发展的重要内容，在当前因私有资本盘踞而造成利益固化格局的诸多领域，公有经济还应积极地有所进、有所为，成为突破利益固化藩篱的尖兵利器。

在中观层面，迫切要求通过创新驱动来促进产业结构升级。我们知道，生产力发展是解决我国包括劳资利益失衡在内的一切问题的关键，而创新则为生产力发展提供了不竭的动力和源泉。习近平强调，“如果科技创新搞不上去，发展动力就不可能实现转换，我们在全球经济竞争中就会处于下风”③。因此，加速产业转型升级，推动产业结构整体向全球生产链中高端迈进，关键在于创新驱动。而且，在整个产业体系中，制造业既是技术创新的主要来源，又是技术创新的使用者和传播者④，成为新一轮科技革命与产业变革的共同着力点。这就要求我们大力发展先进制造业，促进我国制造业转型升级和跨越发展，进而推动产业结构升级。在此过程中，我们要改变“造不如买、买不如租”的思维定式，打破重大关键核心技术受制于人的局面，不仅向世界展现“中国制造”“中国速度”，而且向世界展现“中国创造”“中国质量”。如习近平深刻指出的，我们“不能总是用别人的昨天来装扮自己的明

---

① 大卫·哈维．新自由主义简史［M］．上海：上海译文出版社，2016：130.

② 丁堡骏．国有企业如何实现浴火重生［J］．红旗文稿，2014（20）：19－21.

③ 习近平．在党的十八届五中全会第二次全体会议上的讲话（节选）［J］．求是，2016（1）：1－8.

④ 黄群慧．论中国工业的供给侧结构性改革［J］．中国工业经济，2016（9）：5－23.

天”，而是“要在新赛场建设之初就加入其中，甚至主导一些赛场建设，从而使我们成为新的竞赛规则的重要制定者、新的竞赛场地的重要主导者”[1]。只有这样，我们才能实现产业结构优化和发展质态提升，摆脱国际垄断资本的施压和不平等交换的桎梏，从而保证国内劳资利益份额不被挤占。

在微观层面，迫切要求通过实现劳动本位来促进企业组织结构变革。实现劳动本位，要在微观层面使得劳动者成为生产资料的主人，改变资本统治劳动、“物”统治“人”的反常现象。从企业组织视角来看，就是要实现社会主义的经济民主[2]。因此，我们不仅要批判性借鉴国外“后福特主义”企业管理理念，而且要对社会主义企业管理思想进行必要回溯，充分发掘和勇于继承以“鞍钢宪法”“大庆精神”为代表的优秀管理思想，找回失落的企业管理传统。更重要的是，这些管理思想和理念还应积极付之于实践，以推动企业内部劳动过程的重组，调整劳资双方力量及劳资利益格局，进而使得当前资本本位的劳资利益格局逐渐被一种“由合作产生的利益分配结构”所取代[3]，促进企业组织向柔性化、社会化、去科层化结构良性变革。这种新型劳资利益关系一旦形成，就能够更好地激发劳动者的能动性和创造力，更好地满足当前质量型、创新型竞争的要求，更好地提升共建共享水平。在此基础上，劳动本位得以实现，资本则作为被吸纳、被驯化、被支配的对象存在于社会主义生产中，使得劳资之间支配从属的颠倒局面被彻底扭转。

8.4　本章小结

共享发展是新发展理念的最终落脚点，直面改革开放 40 多年不断蓄积的利益失衡问题。随着我国社会主义市场经济体系的建立和完善，劳资关系作

① 习近平．在中国科学院第十七次院士大会、中国工程院第十二次院士大会上的讲话［N］．人民日报，2014－06－10（02）．

② 蒋一苇．经济民主论［J］．中国社会科学，1989（1）：9－22．

③ 高良谋，胡国栋．模块化生产网络中的劳资关系嬗变：层级分化与协同治理［J］．中国工业经济，2012（10）：96－108．

为最基本的利益关系存在于生产、交换、分配、消费等各个层面，成为整个利益关系体系赖以旋转的轴心。在经济社会大转型和大发展的过程中，我国的劳资利益关系出现了大调整和大分化，劳资利益失衡问题在劳动报酬、劳动时间和劳动强度等方面充分显现，成为当前共享发展面临的最严峻挑战。在劳动报酬方面，整体偏低的劳动报酬份额难以支撑社会主义劳动者日益增长的物质文化需要的满足；在劳动时间方面，工作日界限的伸缩性又为劳动时间延长提供了可能，当前我国大量劳动者面临着劳动时间延长甚至过度劳动的艰难境况；在劳动强度方面，劳动者的劳动紧张程度不断提高，劳动时间空隙也被紧密填充，使得体面劳动和全面发展难以实现。

在改革开放的整体视域下，劳资利益失衡是宏观所有制结构变迁、中观产业结构变迁以及微观企业组织结构变迁的共同结果。具体而言，在宏观层面，国民经济所有制结构调整与变迁成为改革开放进程中最关键的环节，在促进生产力发展方面发挥积极作用，并对劳资利益关系具有劳资利益矛盾生成“启动阀”和劳资利益矛盾防范“稳定器”的双重效应。在中观层面，产业结构变迁的路径依赖使得产业结构整体上锁定在全球生产链中低端，发展质态难以提升。由于全球范围内不平等交换规律的作用发挥，国际垄断资本挤占国内产业创造的利益份额的外部压力，会在利润约束的作用下转移到国内，内化为国内产业资本对劳动的压力，从而加重劳资利益矛盾。在微观层面，我国建立的现代企业制度更多地具有福特主义特征，过度地依靠低廉劳动力成本优势，劳动本位体现不足。

结合劳资利益失衡的形成逻辑，在现实中突围劳资利益失衡困境以及推进共享发展，不能被简单地理解为分配层面的上涨工资水平和提升劳动报酬。当前，应通过宏观、中观与微观的三维度结构性调整对劳资利益失衡进行系统纠偏，以之推进共享发展。在宏观层面，迫切要求通过强化公有制主体地位来促进所有制结构优化。只有坚决抵制新自由主义，强化公有制主体地位，才能保障社会主义内在“稳定器”的作用发挥，将劳资利益矛盾限定在非对抗性的可控区间内，从而为纠偏劳资利益失衡提供必要基础。在中观层面，迫切要求通过创新驱动来促进产业结构升级。要向世界展现“中国创造”“中国质量”，实现产业结构优化和发展质态提升，摆脱国际垄断资本的施压和不平等交换的桎梏，从而保证国内利益份额不被国际垄断资本挤占。在微观层面，迫切要求通过实现劳动本位来促进企业组织结构变革。在微观层面，要使劳动者成为生产资料的主人，改变资本统治劳动、“物”统治“人”的反常现象。从企业组织视角来看，就是要实现社会主义的经济民主，促进企业组织向柔性化、社会化、去科层化结构良性变革，形成新型劳资利益关系。

第9章　推进新时代共享发展的系统路径之上层建筑篇：发挥基层党建经济功能以推动共享发展

随着历史实践的发展，基层党建的经济功能逐渐嬗变为中国特色社会主义政治经济学的重要底色。在中国特色社会主义市场经济中，基层党建的经济功能发挥，体现的并非西方传统的“政府—市场”分析逻辑，而是中国特色社会主义政治经济学的“党政—市场”分析逻辑。提升基层党建的经济功能，以促进作为新发展理念落脚点的共享发展理念扎根基层，是新时代全面深化改革的一项基础工作和重要任务。因此，新时代的基层党建应紧扣国有经济、集体经济以及非公经济三大领域，积极发挥自身经济功能，提升利益创造和利益享有水平，不断推进共享发展理念的基层践行。当前，在共享发展理念的基层践行中，“安钢样本”“塘约道路”与“传化经验”陆续呈现出来，成为三大领域以基层党建助推共享发展的典型例证。

9.1　基层党建的经济功能

基层党建，是深入基层的党的自我建设，即在基层系统开展组织建设、思想建设、作风建设、制度建设等工作。重视基层党建，是马克思主义政党有别于其他政党的一个鲜明特征。党的十九大报告强调，“党的基层组织是确保党的路线方针政策和决策部署贯彻落实的基础”①。基层党建的作用发挥，不仅让我们取得了新民主主义革命以及社会主义革命的伟大胜利，而且强有力支撑我国社会主义经济建设不断取得巨大成就。如果前者主要彰显了基层党建的政治功能、军事功能，那么后者集中体现的是基层党建的经济功能。基层党建的经济功能保障了从中央到基层经济组织的整体联动得以实现，影响到党的经济政策的实施效果，并随着历史实践的发展逐渐嬗变为中国特色社会主义政治经济学的重要底色。

在革命战争时期，自1927年毛泽东在“三湾改编”时提出“支部建在连上”的党建原则和思想，使得中国共产党对军队的绝对领导得以确立。这一基层党建模式的重大创新，为武装夺取政权提供了强有力保障。同时，这一时期各根据地、边区、解放区的经济建设探索为基层党建提供了另一个截然不同的“战场”，使得基层党建的经济功能开始萌生和初现。正如陈云所论述的，基层党建围绕生产单位予以推进，“按生产单位组织支部，即在工厂、矿山、铁路、轮船、农场、农村、兵营、商店、学校、机关等生产场所和工作单位中，组织党的支部”②。在此基础上，基层党建工作与经济生产工作紧密相扣，党支部“领导群众协助政府进行一切可能的改良民众生活的工作如进行可能的经济建设扩大农业生产，改善农具、种籽、肥料、开垦荒地，改良水利，组织春耕和秋收运动，组织劳动互助社、耕牛站，调剂劳动力，扩大手工业组织合作社，增加农民收入”③。基层党建使得中国共产党的组织体系和工作覆盖面不断扩大，并通过组织生产和发展经济，为革命前线提供了坚强的后方支持力量，为革命胜利奠定了重要的物质基础。

进入社会主义革命和建设时期后，中国共产党面临的重要使命，不仅是完成对旧中国的社会主义改造，而且是开启社会主义新中国建设的伟大征程。在这段时期，基层党建的经济功能更加凸显，成为中国特色社会主义政治经

① 习近平．决胜全面建成小康社会 夺取新时代中国特色社会主义伟大胜利［M］．北京：人民出版社，2017：65.

② 陈云文选（第一卷）［M］．北京：人民出版社，1995：145.

③ 陈云文选（第一卷）［M］．北京：人民出版社，1995：153.

济学的鲜明亮点。毛泽东依据“经济是基础，政治则是经济的集中表现”[①]这一基本原则，深刻指出思想政治工作是经济工作和其他一切工作的生命线[②]。这一论断在基层的经济建设实践中落地，就是“要实行政治和经济的统一、政治和技术的统一、又红又专的方针”[③]。在1962年，三个与基层党建密切相关的条例试行草案集中颁布，即《中国共产党农村基层组织工作条例试行草案》《中国共产党国营工业企业基层组织工作条例试行草案》《中国共产党商业企业基层组织工作条例试行草案》，均对基层党建的经济功能提出明确要求。在农村，基层党建要确保党的基层组织“是农村工作的领导核心”，被要求的经济功能具体体现为“进一步巩固公社集体经济，发展农业生产”[④]。在城市，国营工业企业的基层党建要确保企业的基层组织“是企业的领导核心”，被要求的经济功能具体体现为“全面完成国家计划和各项任务”，同时“必须依靠全体职工办好企业”，“反对命令主义和瞎指挥生产的错误做法”[⑤]；商业企业的基层党建涉及“国营、公私合营商业和供销合作社企业中的基层组织”，被要求的经济功能具体体现为“必须通过企业的业务活动，同投机倒把的行为作斗争”，从而“进一步巩固社会主义商业的阵地”[⑥]。

党的十一届三中全会之后，改革开放推动社会主义事业发展进入新时期。在这一时期，中国共产党在进一步深化党的建设过程中，把基层党建的经济功能发挥到一个新的水平，使得中国特色社会主义政治经济学能够贯通至经济体系的最基层、最末端。通过改革开放，我国逐步确立了以公有制为主体、多种所有制共同发展的社会主义初级阶段基本经济制度。与此同时，经济基础的多样性发展势必对上层建筑提出新的要求，使得基层党建更加注重自身经济功能提升，助推各种所有制形式的基层生产组织更好地参与到不断深化

---

① 毛泽东选集（第二卷）[M]. 北京：人民出版社，1991：663.

②③ 中国共产党中央委员会关于建国以来党的若干历史问题的决议［M］. 北京：人民出版社，1981：45.

④ 中共中央组织部等编．中国共产党组织史资料（第9卷）［M］. 北京：中共党史出版社，2000：938.

⑤ 中共中央组织部等编．中国共产党组织史资料（第9卷）［M］. 北京：中共党史出版社，2000：945.

⑥ 中共中央组织部等编．中国共产党组织史资料（第9卷）［M］. 北京：中共党史出版社，2000：952－953.

的市场经济活动中。这一段时期所取得的经济发展奇迹，显然离不开改革开放以来一系列的经济调整与变革。而这些经济调整与变革之所以能够传递到整个经济社会的末梢，并在基层得到顺利而有效的落实，离不开基层党建经济功能的强有力发挥。这正如邓小平所指出的，"各个基层企业和其他基层单位在经济调整中的思想、政治、经济、组织等方面的工作都很繁重，很艰苦"，这是因为"经济调整是一个很艰巨、很复杂的任务"，"为了完成这个任务，为了保证全党思想上行动上的一致，必须有效地加强和改善我们党的思想政治工作"①。

党的十八大以来，以新发展理念为主要内容的习近平新时代中国特色社会主义经济思想是中国特色社会主义政治经济学的最新成果。习近平新时代中国特色社会主义经济思想并非机械的、唯经济的思想体系，而是充分运用辩证唯物主义和历史唯物主义的世界观和方法论来指导经济社会发展。正如习近平所说，"只有把生产力和生产关系的矛盾运动同经济基础和上层建筑的矛盾运动结合起来观察，把社会基本矛盾作为一个整体来观察，才能全面把握整个社会的基本面貌和发展方向"②。因此，党建特别是基层党建，作为上层建筑的构成，在习近平新时代中国特色社会主义经济思想体系中有着重要地位。习近平深刻指出，"党的工作最坚实的力量支撑在基层，经济社会发展和民生最突出的矛盾和问题也在基层，必须把抓基层打基础作为长远之计和固本之策"③。习近平关于基层党建工作的新理念、新思想、新战略，更好地促进了新时代基层党建的经济功能发挥，并呈现出最显著的两大亮点。一方面，打铁还需自身硬，通过"推动全面从严治党向基层延伸"，解决基层党建弱化、虚化、边缘化问题，进而提升基层党组织的政策执行力和基层党建的经济功能。另一方面，突出强调"以人民为中心"的基层党建观，维护人民群众切身利益，增强人民群众的获得感和认同感，使得基层党建成为推进经

① 邓小平文选（第二卷）[M]．北京：人民出版社，1994：359－364.

② 中共中央宣传部编．习近平总书记系列重要讲话读本（2016年版）[M]．北京：人民出版社，2016：282.

③ 中共中央文献研究室编．习近平关于全面从严治党论述摘编［M]．北京：中央文献出版社，2016：138.

济发展、改善民生福祉的强大动力。

综观以上发展历程，不难发现，基层党建的经济功能日渐凸显，逐渐嬗变为中国特色社会主义政治经济学的重要底色，并使得基层党建自身被赋予了浓厚的经济学色彩。特别是改革开放以来，中国所取得的令世人瞩目的发展奇迹，已经有力回击所谓马克思主义政党与市场经济无法共存的错误论断[①]。特别是改革开放 40 多年，我国经济社会发展取得了世所罕见的巨大成就，我国人民生活水平也得到了大幅度提升，这些“都同我们坚定不移坚持党的领导、充分发挥各级党组织和全体党员作用是分不开的”[②]。因此，习近平深刻指出，“坚持党的领导，发挥党总揽全局、协调各方的领导核心作用，是我国社会主义市场经济体制的一个重要特征”，“在全面深化改革过程中，我们要坚持和发展我们的政治优势，以我们的政治优势来引领和推进改革，调动各方面积极性，推动社会主义市场经济体制不断完善、社会主义市场经济更好发展”[③]。

按照《布莱克维尔政治学百科全书》对“政党”的解读，“政党运行于政治体制的正式（合法，立宪的）部分和非正式（社会的）部分之间的交界上”，“在把政府形式上的结构与市民社会的各种不同成分相联系的过程中”发挥其作用[④]。因此，西方政治学意义上的政党仅仅被当作一个制度构件存在于政治体制。显然，中国共产党并非这种西方政治学意义上的政党。在中国特色社会主义市场经济的框架中，当国家权力在直接构造生产关系的意义上嵌入了市场经济时，党也随之嵌入了市场经济并发挥着经济作用[⑤]。而且，“在我国，党的坚强有力领导是政府发挥作用的根本保证”[⑥]。由此可见，西方传统的“政府—市场”分析逻辑难以适用于中国特色社会主义市场经济，

---

① 习近平．决胜全面建成小康社会 夺取新时代中国特色社会主义伟大胜利［M］．北京：人民出版社，2017：45.

②③⑥ 习近平在十八届中央政治局第十五次集体学习时强调 正确发挥市场作用和政府作用 推动经济社会持续健康发展［N］．人民日报，2014-05-28（01）.

④ 戴维·米勒，韦农·波格丹诺．布莱克维尔政治学百科全书［M］．北京：中国政法大学出版社，1992：520-521.

⑤ 孟捷．论中国特色社会主义政治经济学的政策—制度话语和学术—理论话语的相互关系［J］．西部论坛，2018（5）：1-5.

用以替代的应是充分考量了政党与政府对市场协同调节的“党政—市场”分析逻辑。易言之，对市场施加引导和调节的，既有政府干预，又有党建力量。在市场经济的基础运行层，基层党建的经济功能发挥也正是源自于此。于是，在中国特色社会主义市场经济中，应对基层经济组织呈现出的固有的市场失灵问题，比如劳动关系紧张、两极分化严重等，不仅政府行政权力会进行积极干预，而且基层党建力量也会进行积极补位，并且能够更为直接地施加作用。

9.2 共享发展理念在三大领域的基层践行

“创新、协调、绿色、开放、共享”新发展理念，作为习近平新时代中国特色社会主义经济思想的精髓要义，是中国特色社会主义政治经济学的重要拓展。其中，共享发展理念是新发展理念的最终落脚点。从内涵上看，共享发展强调的不仅是“经济数量”的增长，而且是“经济关系”以及由这些经济关系交错形成的“经济结构”的优化。共享发展的“共享”与“发展”，分别指向的是生产关系维度与生产力维度。因此，共享发展理念体现着生产力与生产关系的统一。同时，历史唯物主义的观点认为，“生产关系的总和构成社会的经济结构，即有法律的和政治的上层建筑竖立其上并有一定的社会意识形式与之相适应的现实基础”①。进一步而言，经济基础和上层建筑的矛盾的发展和变化受到生产力和生产关系的矛盾的制约；而生产力和生产关系矛盾的解决，又有赖于经济基础和上层建筑矛盾的解决②。按照这一逻辑，体现生产力与生产关系相统一的共享发展理念与作为上层建筑重要构成的基层党建之间存在着如下辩证关联：一方面，以共享发展理念引领基层党建，按照共享发展理念的要求，提升基层党建包括经济功能在内的工作水平；另一方面，以基层党建贯彻落实共享发展理念，通过基层党建工作的作用发挥，

① 马克思恩格斯全集（第13卷）[M]. 北京：人民出版社，1962：8.

② 艾思奇. 辩证唯物主义历史唯物主义 [M]. 北京：人民出版社，1978：235.

特别是其经济功能的发挥，推动共享发展。

当前，如何提升基层党建的经济功能，以促进共享发展理念扎根基层，无疑是新时代全面深化改革的一项基础工作和重要任务。习近平深刻指出，“改革是一场深刻的革命，涉及重大利益关系调整”①，“要从人民利益出发谋划改革思路、制定改革举措”②。共享发展理念扎根于基层经济建设，必须坚持“人民利益至上”这一中国特色社会主义政治经济学的重大原则，“必须始终把人民利益摆在至高无上的地位”③。在此过程中，需要“以人民为中心”的基层党建予以保驾护航，通过其经济功能的有效发挥，实现好、维护好、发展好最广大人民根本利益。同时，在社会主义初级阶段的基层生产组织中，共同利益与特殊利益的张力仍然存在，使得利益创造与利益享有的结构性矛盾生成。这种利益创造与利益享有的结构性矛盾，作为生产力与生产关系矛盾在利益层面的呈现，并在长期以来的市场经济作用下激化和凸显。因此，按照中国特色社会主义政治经济学的“党政—市场”分析逻辑，基层党建应成为施加引导和调节的重要力量，并更为直接地施加作用。

具体而言，一方面，基层党建的经济功能发挥，能够在全面兼顾基层生产组织内部各方特殊利益诉求的同时，防范特殊利益对共同利益形成倒逼。对于新时代的基层党建而言，这又与“推动全面从严治党向基层延伸”相对应，保证基层党建在处理特殊利益与共同利益关系时恪守“党除了工人阶级和最广大人民群众的利益，没有自己特殊的利益”④。另一方面，发挥基层党建的经济功能，能够强化基层生产组织内部的共同利益，更好取得利益认同，进而激发生产积极性与主观能动性。对于新时代的基层党建而言，这与强调“以人民为中心”的基层党建观相对应，保证工人阶级和最广大人民群众的共同利益处于基层生产中的至上地位。在此基础上，提升利益创造和利益享有

---

① 习近平．习近平谈治国理政［M］．北京：外文出版社，2014：348.

② 习近平．习近平谈治国理政［M］．北京：外文出版社，2014：98.

③ 习近平．决胜全面建成小康社会 夺取新时代中国特色社会主义伟大胜利［M］．北京：人民出版社，2017：45.

④ 中国共产党章程［N］．人民日报，2017-10-29（01）.

水平，并使得两者在更高水平达到统一，从而确保“共享”与“发展”的双重落实。于是，从强化基层党建的经济功能，到促进基层生产组织内部的利益调整，再到推动共享发展理念扎根基层，使共享发展理念的基层践行获取了重要的动力保障。与此同时，作为社会主义初级阶段基本经济制度的具体体现，基层生产组织主要涉及国有经济、集体经济和非公经济三大经济成分。因此，新时代的基层党建应紧扣国有经济、集体经济以及非公经济三大领域，积极发挥自身经济功能，提升利益创造和利益享有水平，从而践行共享发展理念。

一是通过国有企业基层党建的经济功能提升，促进国有经济领域共享发展。习近平强调，“坚持党的领导、加强党的建设，是我国国有企业的光荣传统，是国有企业的‘根’和‘魂’，是我国国有企业的独特优势”①。这就要求在适应完善社会主义市场经济体制和建立现代企业制度的同时，进一步加强基层国有企业党建工作。现代企业制度的一条原则是政企分开，但是坚持政企分开与强化党的领导并不矛盾，这也正是“党政—市场”分析逻辑中党政协同调节市场的重要基础。因此，在现实中任何以政企分开的名义弱化、虚化、边缘化基层国有企业党建的做法都是错误的。在基层国有企业内部，党组织应积极创新工作机制，并深度内嵌于治理结构中，从而发挥出强化共同利益、抑制利益过度分化的经济功能。这正如习近平深刻指出的，“中国特色现代国有企业制度，‘特’就特在把党的领导融入公司治理各环节，把企业党组织内嵌到公司治理结构之中”②。

二是通过农村基层党建的经济功能提升，促进集体经济领域共享发展。习近平指出，发展集体经济实力“是实现共同富裕的重要保证”，“是振兴贫困地区农业的必由之路”，“是促进农村商品经济发展的推动力”③。在20世纪80年代，邓小平提出了“第二次飞跃”这一重要思想④，即农村经济在实施家庭联产承包制经营与集体经营双层经营体制的“第一次飞跃”基础上，

①② 习近平．习近平谈治国理政（第二卷）［M］．北京：外文出版社，2017：176.

③ 习近平．摆脱贫困［M］．福建：福建人民出版社，1992：142－143.

④ 邓小平年谱（1975—1997）（下）［M］．北京：中央文献出版社，2004：1350.

仍然是要落脚于农业集体化、集约化，以促进“第二次飞跃”[①]。当前，促进集体经济共享发展，推动农村经济“第二次飞跃”，亟须农村基层党建的强力支撑，在充分认识新时代农村经济“统”与“分”之间辩证关系的基础上，协调好农村经济发展中的共同利益与特殊利益关系。特别是对于集体经济薄弱甚至缺乏集体经济的贫困村[②]，农村基层党建更需要发挥自身经济功能，因地制宜探索新时代“党建＋村集体经济”的新模式，通过培育和壮大集体经济，提升利益创造和利益享有水平，从而带领村民摆脱贫困，迈向共享发展。这正如习近平所指出的，“党管农村工作是我们的传统，这个传统不能丢……要把农村基层党组织建设成为落实党的政策、带领农民致富、密切联系群众、维护农村稳定的坚强领导核心”[③]。

三是通过非公企业基层党建的经济功能提升，促进非公经济领域共享发展。非公企业是发展中国特色社会主义市场经济的重要力量。习近平指出，“非公有制企业的数量和作用决定了非公有制企业党建工作在整个党建工作中越来越重要，必须以更大的工作力度扎扎实实抓好”[④]。近年来，非公企业基层党建在发展中取得显著成效，不断落实“两个覆盖”“两个作用”“两支队伍”建设。但是与此同时，非公企业党建工作仍然喜中有忧。中宣部《党建》杂志社调研组的专题调研报告显示，“一些非公企业对习近平新时代中国特色社会主义思想学习不够，特别是对党的地位、性质，对党中央大力支持非公企业发展的政策、精神，对党加强非公企业党建的意义、目的等认识不清，导致对党建工作支持不力”[⑤]。非公企业党建不足，使得基层党建的经济功能难以在非公企业内部充分发挥，内部利益格局特别是劳资利益关系存在日趋

① 程恩富，张杨．新形势下土地流转促进“第二次飞跃”的有效路径研究［J］．当代经济研究，2017（10）：55－61，97.

② 截至2017年，全国12.8万个建档立卡贫困村居住着60%的贫困人口，基础设施和公共服务严重滞后，村两委班子能力普遍不强，四分之三的村无合作经济组织，三分之二的村无集体经济（习近平．在深度贫困地区脱贫攻坚座谈会上的讲话［M］．北京：人民出版社，2017：6）。

③ 习近平．加大推进新形势下农村改革力度 促进农业基础稳固农民安居乐业［N］．人民日报，2016－04－28（01）.

④ 全国非公有制企业党建工作会议在京召开［N］．人民日报，2012－03－22（01）.

⑤ 崔海教，苗遂奇，冯静，王仁锋．非公企业党建重在心中有党——关于当前非公企业党建工作的调研报告［J］．党建，2018（9）：47－49.

失衡的态势[①]。因此，新时代非公企业基层党建亟须更好发挥自身经济功能，有效调节各种利益关系，防范或纠偏利益格局失衡，努力实现劳动报酬增长和劳动生产率提高同步，从而增强企业内部利益认同感，促进企业共享发展。

9.3 新时代共享发展的基层例证

9.3.1 安钢样本：国有经济领域共享发展的基层例证[②]

安阳钢铁集团有限责任公司（以下简称“安钢集团”）始建于1958年，是河南省省属国有企业，经过60多年的发展，现已成为集采矿选矿、炼焦烧结、钢铁冶炼、轧钢及机械加工、冶金建筑、科研开发、信息技术、物流运输、国际贸易、房地产等产业于一体，年产钢能力1000万吨的现代化钢铁集团，河南省最大的精品板材和优质建材生产基地。

在2016年10月召开的全国国有企业党的建设工作会议上，习近平发表重要讲话，强调要通过加强和完善党对国有企业的领导、加强和改进国有企业党的建设，使国有企业成为党和国家最可信赖的依靠力量，成为坚决贯彻执行党中央决策部署的重要力量，成为贯彻新发展理念、全面深化改革的重要力量，成为实施“走出去”战略、“一带一路”建设等重大决策的重要力量，成为壮大综合国力、促进经济社会发展、保障和改善民生的重要力量，成为我们党赢得具有许多新的历史特点的伟大斗争胜利的重要力量[③]。正是在这场会议上，安钢集团作为唯一的地方国有企业参会，并作了《实行“四个三”党建工作法为企业解危脱困转型发展提供动力保证》的典型发言。

---

① 易淼，赵磊，葛浩阳．共享发展何以可能：一个劳资利益失衡纠偏的视角［J］．当代经济研究，2017（7）：85－89．

② 例证主要来源：河南省委组织部省国资委联合调研组．打赢生存保卫战的坚强政治保证——安钢集团“四个三”党建工作做法调查［J］．冶金企业文化，2016（2）：10－11；李利剑．实行“四个三”党建工作法 为安钢转型发展提供坚强动力保证［J］．决策探索，2017（8）：4－5。

③ 习近平在全国国有企业党的建设工作会议上强调 坚持党对国有企业的领导不动摇 开创国有企业党的建设新局面［N］．人民日报，2016－10－12（01）．

近年来我国钢铁行业在过去快速发展中积累的矛盾和问题逐渐暴露，生产经营困难加剧、亏损面和亏损额也不断扩大。2012 年，安钢集团出现高达35 亿元的严重亏损，随后一直连年亏损。经过深化改革，特别是凭借基层党建在降本增效、调整结构、创新管理等方面的经济功能发挥，安钢集团生产经营转变为稳定向好态势，并从 2016 年开始整体实现扭亏为盈。2017 年，安钢集团实现销售收入 400 亿元，同比增加 28 亿元；实现利税 36.12 亿元，同比增加 22.51 亿元；利润 20.6 亿元，同比增长 1775%，超历史最高水平 8.37 亿元，这是安钢集团建厂 59 年来的最好业绩①。更难得的是，在此过程中，安钢集团坚持做到“没减产、没减人、没减薪”，在企业转型升级中实现利益创造与利益享有更高水平的统一。易言之，面对危机，安钢集团不是“保全”，而是“发展”；不是采取“甩包袱”的分流手段，而是坚持职工利益至上，强化命运共同体。于是，“共享”与“发展”在安钢集团转型升级中得到双重落实，形成了国有经济领域共享发展的“安钢样本”。

通过企业党组织基础的夯实与企业党建工作方法的创新，使得基层党建的经济功能充分发挥，是“安钢样本”取得成效的关键所在。一方面，安钢集团不断夯实企业党组织基础，巩固企业党组织的领导核心地位。安钢集团共有在岗党员 8300 余名，党总支 8 个，党支部 255 个，每个党支部积极落实全面从严治党新要求，在推动企业共享发展方面发挥了坚强的战斗堡垒作用。而且，在 2017 年 9 月，安钢集团完成集团公司章程修订，明确党委在公司法人治理结构中的法定地位，进一步强化企业党组织对公司治理结构的深入内嵌。另一方面，安钢集团秉承“以人民为中心”的基层党建观，不断创新企业党建工作方法。安钢集团坚持企业利益和职工利益相统一，在党建工作实践中创新形成十二条经验启示，并将这些经验启示归纳成为有效保障企业共享发展的“四个三”党建工作法，具体包括：“三讲”，即讲形势、讲任务、讲责任；“三个转变”，即转变思想观念、转变管理模式、转变干部作风；“三管”，即管党、管人、管思想；“三大体系”，即抓决策、执行、监督等体系建

① 重温习近平总书记调研指导河南工作时的重要讲话精神系列述评之二 持续打好“四张牌”[N]. 河南日报，2018-02-09（01）.

设。安钢集团正是凭借这两个方面的重要支撑，把党组织的领导优势和政治优势，与现代企业制度优势结合起来，在严峻的经济形势下保持自身的凝聚力与战斗力，抵御了转型阵痛，不仅成功解危脱困，而且实现共享发展。

9.3.2 塘约道路：集体经济领域共享发展的基层例证①

位于贵州省安顺市的塘约村，辖 11 个村民组，总人口 921 户 3000 多人，全村总面积 5.7 平方公里，耕地面积 4881 亩。2013 年，塘约村还是省级二类贫困村、集体经济“空壳村”，村民人均纯收入只有 3786 元，仅为当时贵州省平均水平的 67%，并有贫困人口 600 人。但是到了 2016 年，塘约村村民人均纯收入增加了 6000 多元，增至 10030 元，一半的农户新建住房，全村的贫困人口全部脱贫。2017 年，塘约村村集体收入达到 342 万元，村民人年均纯收入 14685 元，已经是贵州省平均水平的 1.66 倍。在短短几年间，塘约村创造了贫困地区追赶跨越、全面建成小康的共享发展奇迹，所形成的“塘约道路”得到各界广泛关注。2017 年全国“两会”期间，时任中共中央政治局常委、全国政协主席的俞正声同志在参加贵州代表团审议时，对“塘约经验”给予了充分肯定，并专门强调，“塘约是新时期的大寨，塘约精神还是不简单，还是要发扬，发现这种典型，然后鼓励这种典型”②。

作为新时代“基层党建 + 村集体经济”新模式的一次成功探索，“塘约道路”紧扣新时代农村经济“统”“分”结合新要求，将农村基层党建与集体经济发展有机结合，从而能够充分借力于农村经济“第二次飞跃”势能。这正如贵州省委政研室联合调研组调研报告所指出的，“塘约道路”关键在于抓住了农村改革这个“牛鼻子”，根本在于有一个强有力的基层党组织。在推进共享发展的过程中，塘约村基层党组织坚决落实全面从严治党新要求，不仅优化“党总支 + 支部 + 党小组”的基层党建体系，而且实行“支部管理全村、

① 例证主要来源：王宏甲．塘约道路［M］．北京：人民出版社，2017；省委政研室联合调研组．“塘约经验”调研报告［N］．贵州日报，2017-05-18（05）。

② 李晨阳．李惠东赴贵州塘约村调研［EB/OL］．https：//www.rmzxb.com.cn/c/2017-04-26/1504039.shtml.

村民监督党员”。每个村民小组建立一个党小组，共成立 11 个党小组，分别隶属 3 个党支部管理，3 个党支部归属村党总支。党总支的责任是抓改革方向和产业发展，其他具体事务则由 3 个党支部带领 11 个党小组具体实施①。在此基础上，塘约村以基层党建为引领，充分发挥出基层党建激活农村资产资源、组织农业生产经营、助推农民脱贫共富的经济功能，协调村域内部的共同利益与特殊利益关系，提升利益创造和利益享有水平。

具体而言，一方面，塘约村党组织引领集体经济发展，通过土地入股和水权入股的方式分别组建了塘约村“金土地”合作社和塘约村水务公司，组织带动村民们积极投入生产经营活动，释放出村民们的利益创造动力，从而提升利益创造水平。另一方面，塘约村党组织引领利益分配制度创新，保障村民们能够共享集体经济发展带来的利益，从而提升利益享有水平。具体而言，土地收益由合作社、村集体、村民按照3：3：4 的比例进行分配；水务公司收益由村集体和村水务公司按6：4 进行分红，村集体收益的 50% 再量化给全体村民，20% 用于贫困户帮扶，30% 用作村水利发展基金。在此基础上，“塘约道路”通过基层党建的经济功能发挥，促进集体经济发展壮大，推动利益创造和利益享有在更高水平上实现统一，从而带领塘约村村民成功摆脱贫困，走向共享发展之路。

9.3.3　传化经验：非公经济领域共享发展的基层例证②

浙江传化集团有限公司（以下简称“传化集团”）创建于 1986 年，现已发展成为涵盖化工、物流、农业、科技城、投资五大领域，横跨三大产业的多元化现代企业集团，拥有员工 14000 余名，集团现拥有“传化智联”“新安股份”两家上市公司，以及八家国家高新技术企业，业务覆盖全球 80 多个国

---

① 郭红军．乡村协商民主：塘约探索与启示［N］．贵州日报，2019－06－19（10）．

② 例证主要来源：2018 年全国民营企业民主管理现场会传化集团发言稿（中共传化集团公司党委．推进企业民主管理 打造“三个共同体”［EB/OL］．http：//www.cwgk.org/art/2018/9/20/art_1652_360705.html；徐冠巨．尊重员工主体地位　共促企业健康发展［EB/OL］．http：//www.cwgk.org/art/2018/9/20/art_1652_360705.html）。

家和地区，名列中国企业500强、中国民营企业500强。1998年，传化集团建立了浙江省首家民营企业党委，现下设2个党总支、16个党支部、1个流动党员管理站，共有党员约500名，占员工总数的13.8%。在企业发展的过程中，传化集团不断创新企业党建工作机制，探索建立了一套以“13588”工作机制为主要内容的新做法，充分发挥出基层党建在促进企业共享发展中的重要作用①。2007年8月，传化集团被评为“全国模范劳动关系和谐企业”，成为构建和谐劳动关系的先进典型。2011年7月，传化集团党委被授予“全国先进基层党组织”称号。

1999年8月，时任中共中央政治局常委、书记处书记、国家副主席的胡锦涛同志在阅读新华社《国内动态清样》（第2756期）中的《私企浙江传化集团建立党组织的启示》一文后，做出重要批示：“要注意总结此类经验，研究共性问题。”② 2000年5月，时任中共中央总书记、国家主席的江泽民同志视察传化集团，对传化集团的党建工作进行了高度评价。2010年8月，时任中共中央政治局常委、中央书记处书记、国家副主席的习近平同志对传化集团构建和谐劳动关系的做法予以批示肯定。2018年9月，人力资源和社会保障部、全国总工会、全国工商联三部委汇聚传化集团，联合召开全国民营企业民主管理现场会。这次会议是三部委第一次联合组织，也是第一次在民营企业召开的全国民营企业民主管理现场会，以“深化企业民主管理，创新发展内生动力”为主题，并对“传化经验”予以推广。

与公有经济组织不同的是，外部嵌入这一属性决定了非公经济组织中的党组织并非天然是领导核心地位③。但是，“传化经验”的核心要义就在于，通过党组织与经营组织“目标同向、作用互补、相互监督、共同发展”新工作格局的有效构建，实现非公经济组织内部党组织与经营组织之间的结构相

① 浙江省创先争优活动领导小组办公室．非公有制企业党建领域的“传化样板”——解读传化集团“13588”党建工作机制［EB/OL］. http://zjnews.zjol.com.cn/05zjnews/system/2010/12/23/017187726.shtml.

② 杨扬．私企“传化”牵动中南海［J］. 化工管理，2000（10）：1-2.

③ 王向阳．非公党建：经验图景、组织基础及其实践路径［J］. 岭南学刊，2018（3）：74-80.

契合以及利益共通，这就是在基层党建层面发力，为企业共享发展提供了重要支撑。在传化集团，“党委书记进董事会、工会主席进监事会”的协同治理规则得以执行，集团董事会和集团党委会的联席会议机制得以建立，这一系列“双向互嵌式”的企业制度设计，很大程度上消解了党组织与经营组织之间因为异质性而导致的“排斥反应”。在此基础上，传化集团基层党建的经济功能得到了充分发挥，坚决维护好、发展好劳动者利益，确保员工“真正成为企业的主人和家人”，有力推动了企业民主管理的深化与创新。传化集团建立健全企业效益增长与员工工资增长、股东收益增长与员工收入增长“两个挂钩”机制，坚持工资增长一定高于企业利润增长，并且严格实行一周 5 天、一天 8 小时工作制以及法定节假日休息制度。这些利益共享机制，保障了传化集团的强劲发展。

随着基层党建在促进企业共享发展中的作用发挥，2002～2017 年间，传化集团营业收入从 16 亿元增长到 630 亿元，利润总额从 6000 万元增长到 30 亿元，上缴税金从 7000 万元增长到 25 亿元，净资产从 5 亿元增长到 250 亿元，总资产从 14 亿元增长到 500 多亿元，在“中国民营企业 500 强”榜单上排名升至第 90 位。可以发现，正是传化集团基层党建经济功能的充分发挥，使得企业内部利益格局特别是劳资利益关系得到有效调节，所形成的利益均衡格局又成为保障企业稳健成长并不断壮大的“压舱石”，从而实现共享发展。

9.4　本章小结

在社会基本矛盾中，不仅包括生产力与生产关系之间的矛盾，而且包括上层建筑与经济基础之间的矛盾。上层建筑与经济基础之间的矛盾并非占主导地位的一对矛盾，这是因为合理完善上层建筑与经济基础相适应，应以科学调整生产关系与生产力相适应作为前提。但是，任何特定社会形态下的利益分析，都不能也无法将上层建筑的因素排斥出去。因此，“利益—发展”协同优化不仅涉及生产力维度和生产关系维度，而且要涉及上层建筑维度。在中国特色社会主义市场经济中，基层党建的经济功能发挥，体现的并非西方传统的“政府—市场”分析逻辑，而是中国特色社会主义政治经济学的“党政—市场”分析逻辑，凸显了来自上层建筑维度的“利益—发展”协同优化驱动力。在中国特色社会主义市场经济中，应对基层经济组织呈现出的固有的市场失灵问题，比如劳动关系紧张、两极分化严重等，不仅政府行政权力会进行积极干预，而且基层党建力量也会进行积极补位，并且能够更为直接地施加作用。

共享发展的“共享”与“发展”，分别指向的是生产关系维度与生产力维度。因此，共享发展理念体现着生产力与生产关系的统一。按照历史唯物主义的逻辑，体现生产力与生产关系相统一的共享发展理念与作为上层建筑重要构成的基层党建之间存在着如下辩证关联：一方面，以共享发展理念引领基层党建，按照共享发展理念的要求，提升基层党建包括经济功能在内的工作水平；另一方面，以基层党建贯彻落实共享发展理念，通过基层党建工作的作用发挥，特别是其经济功能的发挥，推动共享发展。而且，基层党建的经济功能发挥，既能够在全面兼顾基层生产组织内部各方特殊利益诉求的同时，防范特殊利益对共同利益形成倒逼，又能够强化基层生产组织内部的共同利益，更好取得利益认同，进而激发生产积极性与主观能动性。因此，新时代的基层党建应紧扣国有经济、集体经济以及非公经济三大领域，积极发挥自身经济功能，提升利益创造和利益享有水平，从而践行共享发展理念。

当前，在共享发展理念的基层践行中，“安钢样本”“塘约道路”与“传化经验”陆续呈现出来，成为国有经济、集体经济以及非公经济三大领域以基层党建助推共享发展的典型例证。在新时代全面深化改革的过程中，应紧扣三大领域不断提升基层党建的经济功能，并积极发挥出“安钢样本”“塘约道路”“传化经验”等典型例证的样板作用和示范效应，以促进作为新发展理念最终落脚点的共享发展理念全面深入地扎根基层。只有这样，才能贯彻以人民为中心的发展思想，让改革发展成果更多更公平惠及全体人民，才能实现好、维护好、发展好最广大人民根本利益，朝着实现全体人民共同富裕不断迈进。

第10章　推进新时代共享发展的制度保障：基本前设、路径择定与机制供给

推进新时代社会主义共享发展，保障共享发展理念贯彻落实，离不开必要的制度保障。从已有的相关制度保障情况来看，当前仍然在促进利益关系格局均衡和社会主义共享发展方面存在着制度短板。补齐这些制度短板，进一步完善相关制度体系，就要紧密围绕党中央推进供给侧结构性改革这一重大决策部署，从基本前设、路径择定以及机制供给三个方面发力。在基本前设方面，就是要坚持社会主义初级阶段基本经济制度，坚持和巩固公有制主体地位；在路径择定方面，就是要围绕以深化改革为动力，以民生改善为导向，以利益均衡为目标的主动干预来确定制度设计路径；在机制供给方面，就是要在国有企业改革、政府职能转变以及价格、财税、金融、社保等领域基础性改革层面实现利益协调机制的新供给。只有三个方面共同发力，才能以更完善的制度保障为社会主义共享发展保驾护航。

10.1　基本前设：坚持社会主义初级阶段基本经济制度

坚持公有制为主体、多种所有制经济共同发展的社会主义初级阶段基本经济制度，是我们党从长期社会主义经济建设和改革开放实践中总结得出的

重要理论成果[①]。习近平专门强调，要坚持和完善社会主义基本经济制度，毫不动摇巩固和发展公有制经济，毫不动摇鼓励、支持、引导非公有制经济发展，推动各种所有制取长补短、相互促进、共同发展，同时公有制主体地位不能动摇，国有经济主导作用不能动摇，这是保证我国各族人民共享发展成果的制度性保证，也是巩固党的执政地位、坚持我国社会主义制度的重要保证[②]。毋庸置疑，在利益层面，只有坚持基本经济制度、巩固公有制主体地位，才能保证我国利益关系格局的可控性，才能防止非对抗性的利益关系向对抗性的利益关系演变，才能保障利益共建共享。一旦离开这一制度前设，社会主义在利益关系调整方面的制度优势将会丧失，利益关系失衡将会把整个社会带入对抗性冲突之中[③]，使得共享发展无法实现。

回顾历史可以发现，资本主义国家早已意识到市场自发调节的局限，并一再通过分配层面的干预来缓解利益关系的矛盾和冲突。自 20 世纪 30 年代的罗斯福新政开始，“自由放任再也不是资本主义制度下政府与经济之间的最佳关系”。公共部门的兴起和公共支出的不断扩大，意味着资本主义国家已经承认“市场单独运行不必然导致公众福利改进”，“要缓解经济活动与非经济价值之间不可避免的紧张状态，政府干预是唯一的手段”[④]。但是，马克思对资本主义的深刻剖析和批判已经表明，只要资本主义的基本矛盾依旧存在，那么资本主义利益关系的对抗性就无法消除。在资本主义制度下，“共同利益”“普遍利益”都是虚幻的，所呈现出的发展也仅仅迎合资本利益的不断趋于失衡和断裂的发展。可以说，资本主义在不断演化中呈现出的多样性，改变不了自身基本矛盾的一元性，从而也无法逃脱整个经济社会利益关系必然失衡的宿命，也不可能实现真正的共享发展。

因此，坚持社会主义初级阶段基本经济制度，坚持和巩固公有制主体地位，是促进利益关系格局均衡和社会主义共享发展的制度前设。党的十八届三中全会审议通过的《中共中央关于全面深化改革若干重大问题的决定》已

① 刘国光．深化对公有制经济地位和作用的认识［N］．人民日报，2011 - 06 - 21（20）．

② 习近平：立足我国国情和我国发展实践 发展当代中国马克思主义政治经济学［N］．人民日报，2015 - 11 - 25（01）．

③④ 海尔布罗纳，米尔伯格．经济社会的起源［M］．上海：格致出版社，2010：113.

经明确提出："必须毫不动摇巩固和发展公有制经济，坚持公有制主体地位，发挥国有经济主导作用，不断增强国有经济活力、控制力、影响力。"2014 年全国"两会"期间，习近平同志在参加上海代表团审议时说，深化国企改革是大文章，国有企业不仅不能削弱，而且还要加强①。而且，国有企业加强是在深化改革中自我完善，在凤凰涅槃中浴火重生，而不是抱残守缺、不思进取、不思改革，确实要担当社会责任树立良好形象，在推动改革措施上加大力度。公有经济特别是国有经济不仅要在主导国家安全和国民经济命脉的领域，还要在关系到人民群众切身利益的各民生领域发挥出应有的作用。只有这样，利益关系格局均衡和社会主义共享才能够获得有力的制度支撑。

党的十九大报告在"贯彻新发展理念，建设现代化经济体系"一章的第五部分"加快完善社会主义市场经济体制"中明确指出，"深化国有企业改革，发展混合所有制经济"。这一重要论断凸显了"发展混合所有制经济"的重要性。但是，我们在推进混合所有制经济发展的实践中，不能将发展混合所有制经济错误地、庸俗地理解为所谓的"国退民进"甚至私有化，而是要紧扣"交叉持股、相互融合"的原则，全面把握混合所有制经济发展的科学内涵。换言之，推进混合所有制经济发展，强调的是双向互动、交叉发展，不同所有制经济要彼此融合、相互补缺、互为支撑。特别是作为混合所有制经济发展的重要内容，在当前因私有资本盘踞而造成利益固化格局的诸多领域，公有经济还应积极地有所进、有所为，成为突破利益固化藩篱的尖兵利器。只有这样，才能将"发展混合所有制经济"与"推进国有资本做强做优做大"相统一，才能坚持和完善社会主义初级阶段基本经济制度，坚持和巩固公有制主体地位，进一步强化推进新时代社会主义共享发展的基本前设和根本保障。

10.2　路径择定：围绕社会主义主动干预的制度设计

按照中国特色社会主义政治经济学利益分析方法，利益分析不是孤立的

① 缪毅容．习近平总书记参加上海代表团审议侧记［N］．解放日报，2014－03－06（02）．

方法，而是内嵌于“生产力—生产关系”分析框架中。与此同时，历史唯物主义的观点认为，“生产关系的总和构成社会的经济结构，即有法律的和政治的上层建筑竖立其上并有一定的社会意识形式与之相适应的现实基础”[①]。在社会基本矛盾中，还包括上层建筑与经济基础之间的矛盾。上层建筑与经济基础之间的矛盾并非占主导地位的一对矛盾，这是因为合理完善上层建筑与经济基础相适应，应以科学调整生产关系与生产力相适应作为前提。但是，任何特定社会形态下的利益分析，都不能也无法将上层建筑的因素排斥出去。这是因为，经济基础和上层建筑的矛盾的发展和变化受到生产力和生产关系的矛盾的制约；而生产力和生产关系矛盾的解决，又有赖于经济基础和上层建筑矛盾的解决[②]。

从内涵上看，共享发展强调的不仅是“经济数量”的增长，而且是“经济关系”以及由这些经济关系交错形成的“经济结构”的优化。共享发展的“共享”与“发展”，分别指向的是生产关系层面与生产力层面。那么，结合“生产力—生产关系—上层建筑”理论范式可知，落实共享发展理念不仅需要实现生产力与生产关系相统一，并且有赖于现实中经济基础和上层建筑矛盾的解决。因此，按照中国特色社会主义政治经济学利益分析方法，推进社会主义共享发展，要求来自上层建筑层面的必要支撑。正如习近平所说，“科学的宏观调控，有效的政府治理，是发挥社会主义市场经济体制优势的内在要求”[③]。具体而言，来自上层建筑层面的必要支撑，就是要围绕社会主义性质的主动干预，围绕科学的宏观调控和有效的政府治理来确定制度设计路径。社会主义性质的主动干预，要在动力、导向、目标三个方面准确把握内在规定性。

动力方面，要向深化改革要动力。因此，主动干预的动力是进一步深化改革。在中国特色社会主义政治经济学视域下，改革遵循的是历史唯物主义的逻辑，是“不断适应社会生产力发展调整生产关系，不断适应经济基础发

① 马克思恩格斯全集（第13卷）[M]. 北京：人民出版社，1962：8.

② 艾思奇. 辩证唯物主义历史唯物主义 [M]. 北京：人民出版社，1978：235.

③ 习近平在十八届中央政治局第十五次集体学习时强调 正确发挥市场作用和政府作用 推动经济社会持续健康发展 [N]. 人民日报，2014－05－28（01）.

展完善上层建筑”，“适应我国社会基本矛盾运动的变化来推进社会发展”①。这就意味着，以深化改革作为动力，就是要在新的历史关口，通过不断调整生产关系以适应生产力发展，不断完善上层建筑以适应经济基础发展，进而推进经济社会发展。因此，改革只有进行时，只有通过深化改革来进一步凝聚社会主义共同利益，借助多数人的社会合力来消解特殊利益的阻力，才能推动利益格局良性演变和社会主义共享发展。

导向方面，要紧扣改善民生。习近平深刻指出，“做好经济社会发展工作，民生是‘指南针’。要全面把握发展和民生相互牵动、互为条件的关系，通过持续发展强化保障和改善民生的物质基础，通过不断保障和改善民生创造更多有效需求。要特别关注和关心困难群众，坚持精准扶贫，广泛动员社会力量扶危济困”②。民生是经济社会发展工作的“指南针”，起到的正是导向作用。因此，主动干预的导向是民生改善，即把握符合广大群众根本利益的总体发展方向，坚定不移改善民生，不断增进人民群众获得感。这正如习近平强调的，“让人民过上好日子，是我们一切工作的出发点和落脚点。我们将坚持在发展中保障和改善民生，不断满足人民日益增长的美好生活需要，不断促进社会公平正义，使人民获得感、幸福感、安全感更加完善、更有保障、更可持续”③。

目标方面，要促进“利益—发展”协同优化。“利益—发展”协同优化，强调的是利益共享与经济发展的协同并进，从而实现改革、发展、稳定三者的统一，以推进共享发展。从内涵上看，共享发展强调的不仅是“经济数量”的增长，而且是“经济关系”以及由这些经济关系交错形成的“经济结构”的优化。共享发展的“共享”与“发展”，分别指向的是生产关系层面与生产力层面。社会主义性质的主动干预，作为来自上层建筑层面的必要支撑，其目标就是要通过科学的宏观调控和有效的政府治理，在利益关系协调中助

---

① 习近平在中共中央政治局第十一次集体学习时强调　推动全党学习和掌握历史唯物主义　更好认识规律更加能动地推进工作［M］. 北京：人民出版社，2013：3.

② 保持战略定力增强发展自信　坚持变中求新变中求进变中突破［N］. 人民日报，2015-07-19（01）.

③ 习近平. 抓住世界经济转型机遇　谋求亚太更大发展［N］. 人民日报，2017-11-11（02）.

推利益格局新稳态形成，以之促进“利益—发展”协同优化，从而实现利益共享与经济发展的协同并进。

10.3 机制供给：实现利益协调机制的新供给

美国经济学家斯蒂格利茨在波兰尼的《大转型》一书前言中曾这样写道：“快速的转型破坏了旧有的应对机制和旧有的安全网，但在新的应对机制发展出来之前，它已经产生了这方面新的需要。①”可以发现，我国利益关系失衡和利益格局反常态的背后，同样是经济社会快速转型对旧有应对机制的破坏。因此，促进利益关系格局均衡和社会主义共享发展，提升利益共享水平和经济发展水平，要求我们在制度前设和路径择定的基础上，发展“新的应对机制”，实现利益协调机制的新供给。

当前，实现利益协调机制的新供给，应紧密围绕党中央推进供给侧结构性改革这一重大决策部署。可以说，供给侧结构性改革的重点和难点是制度供给，而“新的应对机制”供给又是制度供给中的具体内容。而且，习近平在主持召开中央财经领导小组第十三次会议时专门强调，供给侧结构性改革的“本质属性是深化改革，推进国有企业改革，加快政府职能转变，深化价格、财税、金融、社保等领域基础性改革”②。这一重要论断基于供给侧结构性改革的整体视域，为准确切入促进利益关系格局均衡和社会主义共享发展的现实命题，有效实现利益协调机制的新供给指明了具体发力点。

10.3.1 国有企业改革层面的新机制供给

1. 实现利益“外部循环”机制新供给

促进利益关系格局均衡和社会主义共享发展，要牢牢抓住社会主义初级

① 波兰尼．大转型：我们时代的政治与经济起源［M］．浙江：浙江人民出版社，2007：5.

② 习近平．坚定不移推进供给侧结构性改革　在发展中不断扩大中等收入群体［N］．人民日报，2016－05－17（01）.

阶段基本经济制度这一制度前设，充分发挥出国有企业在维护社会主义共同利益中无可替代的重要作用。当前，作为历史使命的必然要求，国有企业不仅要做强做优自身业务、保持快速发展好势头，而且要积极通过红利上缴等方式回馈民众。然而，从全国层面来看，国企红利上缴的比例不高，绝大部分利润都留在内部进行处理和分配。如图 10.1 所示，2008～2017 年，国有企业上缴利润占国有企业利润比例从未突破 12%，其中 2016 年比例最高为 11.27%，而 2010 年仅为 2.14%。而且，即便是这些比例不高的上缴利润，按照中央国有资本经营支出决算安排结构所显示的，其大部分都又返还给央企或对地方国有资本经营预算进行转移支付。这个比例有的年份甚至高达 90% 以上，用作补充社保支出和调入公共财政预算的比例普遍偏低①。这种利益"内部循环"的局面，既难以被人民群众认可，又容易滋生国企腐败。

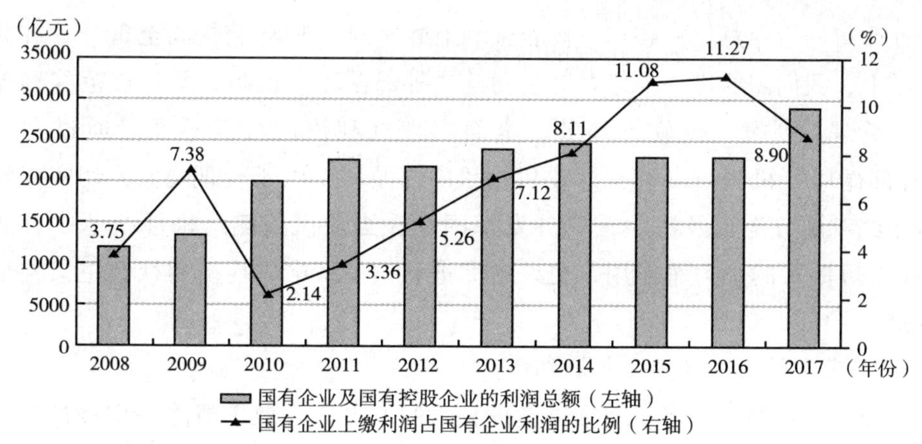

图 10.1　2008～2017 年国有企业上缴利润占比

资料来源：戚聿东，张任之．新时代国有企业改革如何再出发？——基于整体设计与路径协调的视角［J］．管理世界，2019（3）：17－30；财政部网站。

针对这一问题，一方面，国有企业内部利益要通过国企工资制度改革予

① 戚聿东，张任之．新时代国有企业改革如何再出发？——基于整体设计与路径协调的视角［J］．管理世界，2019（3）：17－30．

以进一步规范。对此，2018 年 5 月，国务院发布《关于改革国有企业工资决定机制的意见》，要加强和改进政府对国有企业工资分配的宏观指导和调控，要完善企业内部工资总额管理制度，强调国有企业在经备案或核准的工资总额预算内，依法依规自主决定内部工资分配。同时，要健全国有企业工资内外收入监督检查制度，人力资源社会保障部门会同财政、国资监管等部门，定期对国有企业执行国家工资收入分配政策情况开展监督检查，及时查处违规发放工资、滥发工资外收入等行为。加强与出资人监管和审计、税务、纪检监察、巡视等监督的协同，建立工作会商和资源共享机制，提高监督效能，形成监督合力①。另一方面，国企利益的外部循环机制有待进一步完善。这方面，近年来不少地区进行了积极探索。比如，有些地区将国企红利上缴比例上提，上缴红利均被用于公共基础设施、住房保障等民生工程建设，在利益关系协调和促进共享发展方面起到了积极作用。这些地方的积极探索，有力支撑了中央的顶层设计。2015 年 9 月出台的《中共中央国务院关于深化国有企业改革的指导意见》提出，国企红利上缴比例 2020 年将提高至 30%。在此基础上，我们需要进一步建立健全利益“外部循环”机制，严格规范红利上缴、管理、划拨、投放等环节，全面实现红利流向公开透明。通过利益“外部循环”机制新供给，打破利益“内部循环”的不合理局面，切实保障国企红利更好地惠及民生，充分发挥国企在当前供给侧结构性改革中补齐“民生短板”的主力军作用，更好地促进利益关系格局均衡和社会主义共享发展。

2. 实现利益“双向约束”机制新供给

习近平强调，坚定不移推进党的伟大自我革命，敢于清除一切侵蚀党的健康肌体的病毒，使党不断自我净化、自我完善、自我革新、自我提高，不断增强党的政治领导力、思想引领力、群众组织力、社会号召力，才能确保党始终保持同人民群众的血肉联系②。国有资产资源来之不易，是全国人民的

① 国务院关于改革国有企业工资决定机制的意见［EB/OL］. http：//www. gov. cn/zhengce/content/2018 - 05/25/content_5293656. htm.

② 习近平在庆祝改革开放 40 周年大会上的讲话［N］. 人民日报，2018 - 12 - 19（02）.

共同财富[①]。但是，近年来，国企内部特别是高管层出现了十分严峻的利益集团化、利益特殊化态势，使得国企领域的腐败问题日益突出，造成国有资产流失和人民群众利益受损。因此，我们要以反腐败永远在路上的坚韧和执着，深化标本兼治，坚决清除一切腐败分子，保证干部清正、政府清廉、政治清明，为继续推进改革开放营造海晏河清的政治生态[②]。

党的十八大以来，中央加大了国企领域的反腐力度。2012 年底至 2015 年底，已经有 171 名国企高管接受调查或被查处，其中担任董事长、总经理、党委书记的共 104 人，约占总数的 61%[③]。在这一严峻态势下，实现利益约束机制的新供给，钳制国有企业特殊利益，已经迫在眉睫。具体而言，国有企业利益约束新机制应从“自上而下”和“自下而上”两个维度予以建立健全，形成“双向约束”。其中，“自上而下”是加强党对国企的领导，加强对国企领导干部的监督；“自下而上”是建设经济民主，鼓励国企职工积极参与民主管理，充分发挥对国企管理层的监督作用[④]。在“自上而下”的利益约束方面，要毫不动摇推进国企党建工作，切实履行好全面从严治党主体责任和监督责任，保证党和国家的政策方针在国企贯彻实施，并且在重大问题决策上把关定向，防止国企偏离自身定位。同时，加强纪检监察对国有企业的监督和巡视工作，实现对国企内部权力集中、资金密集、资源富集部门和岗位的监督和巡视常态化。在“自下而上”的利益约束方面，要尊重国企职工的共同意志和共同利益，积极完善工会的组织建设，规范职工董事、职工监事的产生程序，为国企职工的民主管理活动提供有效平台，切实保障职工知情权、参与权和监督权，充分发挥基层力量对国有企业特殊利益的钳制作用。

---

① 习近平．深化改革巩固成果 积极拓展 不断把反腐败斗争引向深入［N］．人民日报，2015－01－14（01）．

② 习近平在庆祝改革开放 40 周年大会上的讲话［N］．人民日报，2018－12－19（02）．

③ 赵振宇．部分被查处国企高管案例分析［J］．中国纪检监察，2015（23）：28－29．

④ 易淼，任毅．经济利益关系失衡：理论与现实［M］．北京：经济科学出版社，2015：220．

10.3.2 政府职能转变层面的新机制供给

作为社会主义主动干预的重要一环，当前应加快转变政府职能，进一步处理好政府和市场关系，形成更优的“党政—市场”格局，进而深化经济体制改革。正如习近平同志所强调的，“深化经济体制改革，核心是处理好政府和市场关系，使市场在资源配置中起决定性作用和更好发挥政府作用。这就要讲辩证法、两点论，‘看不见的手’和‘看得见的手’都要用好。关键是加快转变政府职能，该放给市场和社会的权一定要放足、放到位，该政府管的事一定要管好、管到位，坚决扭转政府职能错位、越位、缺位现象。要深化行政审批制度改革，推进简政放权，深化权力清单、责任清单管理，同时要强化事中事后监管”①。在此基础上，通过实现政府权力清单运行机制新供给和政府纠错问责机制新供给，实现政府职能转变层面的新机制供给。

1. 实现政府权力清单运行机制新供给

近年来，“缺位越位错位”“权力的任性”等问题一直困扰着各级政府；同时，片面追求地方经济数量级增长和不当政绩观的驱动，还使得一些地方政府忽视长远利益、整体利益。更为严重的是，权力寻租与资本托庇相契合在局部领域已经呈现出来，使得特殊利益攫取的利益链条逐渐形成，并不断撕裂着整个社会的利益关系格局，已经成为制约社会主义共享发展的重大风险点。这些问题的本质，是特殊利益扭曲了权力行使，使得“公权”与“民利”发生乖离，导致权力异化。

科学的宏观调控，有效的政府治理，是发挥社会主义市场经济体制优势的内在要求。当前，更好发挥政府作用，就要切实转变政府职能，深化行政体制改革，创新行政管理方式，健全宏观调控体系，加强市场活动监管，加强和优化公共服务，促进社会公平正义和社会稳定，促进共同富裕。各级政府一定要严格依法行政，切实履行职责，该管的事一定要管好、管到位，该

---

① 习近平参加上海代表团审议 保持锐意创新勇气蓬勃向上朝气 加强深化改革开放措施系统集成［N］. 人民日报，2016-03-06（01）.

放的权一定要放足、放到位，坚决克服政府职能错位、越位、缺位现象①。在此基础上，促进“公权”与“民利”的统一，实现“权为民所用、利为民所谋”，关键在于建立健全政府权力清单运行机制。这正如习近平所说，“执政党对资源的支配权力很大，应该有一个权力清单，什么权能用，什么权不能用，什么是公权，什么是私权，要分开，不能公权私用”②。具体而言，应按照“清权、减权、制权、晒权”等主要环节，健全各级政府的行政权力详细目录，建立各级政府行政权力数据库，规范和监督政府部门权力运行，真正把权力关进制度的“笼子”里。

2. 实现政府纠错问责机制新供给

政府职能的缺位失位问题，不仅阻碍了政府在维护社会主义共同利益和保障利益关系均衡稳定方面发挥应有作用，而且给特殊利益提供了滋生空间。解决这一问题，需要积极探索建立政府纠错问责机制，推进责任政府建设。换言之，政府在开出“权利清单”的同时，还要开出“责任清单”，落实责任担当。这正如习近平所指出的，“要健全问责机制，坚持有责必问、问责必严，把监督检查、目标考核、责任追究有机结合起来，形成法规制度执行强大推动力”③。在此基础上，通过构建政府纠错问责机制，对政府缺位失位行为形成硬约束。

实现政府纠错问责机制新供给，要从如下两个方面来扎实推进。一方面，要坚持“有权就有责，权责要对等”的原则，既追究主体责任、监督责任，又上查一级追究领导责任、党组织责任。要完善和规范责任追究工作，建立健全责任追究典型问题通报制度，把问责同其他监督方式结合起来，以问责常态化促进履职到位，促进党的纪律执行到位④。另一方面，推动全面从严治党向基层延伸，这正如习近平所说的，“相对于‘远在天边’的‘老虎’，群众对‘近在眼前’嗡嗡乱飞的‘蝇贪’感受更为真切。‘微腐败’也可能成

① 习近平在十八届中央政治局第十五次集体学习时强调　正确发挥市场作用和政府作用　推动经济社会持续健康发展［N］. 人民日报，2014－05－28（01）.

② 习近平 . 习近平关于严明党的纪律和规矩论述摘编［M］. 北京：人民出版社，2016：108.

③④ 习近平 . 在第十八届中央纪律检查委员会第六次全体会议上的讲话［N］. 人民日报，2016－05－03（02）.

为'大祸害'，它损害的是老百姓切身利益，啃食的是群众获得感，挥霍的是基层群众对党的信任"①。因此，"对基层贪腐以及执法不公等问题，要认真纠正和严肃查处，维护群众切身利益，让群众更多感受到反腐倡廉的实际成果"②。可以说，政府纠错问责机制既是责任政府建设的保障机制，又是人民群众监督公权力的约束机制。建立健全政府纠错问责机制，能够有效保障政府在自身执政过程中坚持以人民为中心，切实维护人民群众的根本利益，提升政府执行力和人民群众认同感。只有这样，政府才能更好地成为人民群众最有力的、信得过的利益代言人，不断压缩特殊利益滋生空间，钳制各种特殊利益，在经济社会发展中极大维护社会主义共同利益，进而不断推进社会主义共享发展。

10.3.3 基础性改革层面的新机制供给

1. 实现价格调控监管机制新供给

价格改革是经济体制改革的重要组成部分。在市场经济条件下，由于价格牵动着各方利益，使得价格失序一旦发生，将引起利益关系格局的波动甚至失衡，阻碍社会主义共享发展。因此，实现价格机制新供给，不仅是推进供给侧结构性改革的关键环节，而且是促进利益关系格局均衡和社会主义共享发展的重要着力点。党的十八大以来，价格改革不断取得新进展，价格对经济社会发展的杠杆作用进一步发挥，在激发市场活力、增强发展动力、保障改善民生等方面都发挥了积极作用。与此同时，新时代对价格机制改革提出了新的要求，特别是价格调控监管机制还有待进一步完善，并集中表现在民生价格稳定长效机制还不够健全，这直接关系到作为消费者的广大人民群众的切身利益。

由此可见，进一步推进价格机制改革，在价格调控与价格监管两个方面实现价格调控监管机制新供给，对民生改善与利益共享有着重要意义。可以

①② 习近平．在第十八届中央纪律检查委员会第六次全体会议上的讲话［N］．人民日报，2016-05-03（02）．

说，只有规范价格秩序，才能在有效遏制不法企业牟取特殊利益的同时，维护好作为消费者的广大人民群众的切身利益。

（1）坚决抓好民生重要商品价格调控，在现有的价格调控目标责任制基础上，探索建立更加细化的民生重要商品物价调控机制，逐步构建覆盖重要商品和服务的价格指数体系，合理引导市场预期，加强价格与财政、货币等政策手段的协调配合，提高保供稳价工作的精准度。

（2）在教育、医药、食品、商品房、水电暖、交通、客运、农资等民生重点领域加强商品价格监测预警，充分利用互联网、大数据等技术提升价格监测水平，严厉打击民生产品囤积炒作行为，健全民生价格监管机制，并研究完善价格异常波动应对预案，健全重要商品储备制度，丰富调控手段，提升调控能力，防范价格异常波动。

（3）将价格改革与民生水平相挂钩，推进价格改革工作精细化、系统化，注重将价格调控监管与全社会工资、社会救助和保障等标准调整相结合，通过广泛听取社会意见和认真开展社会风险评估来制定价格改革方案和价格调控监管细则，平稳有序实现价格调控监管机制新供给①。在此基础上，形成调控得当的价格调控机制和执行有力的价格监管机制，促进利益均衡、民生改善和共享发展。

2. 实现财税协调运行机制新供给

社会主义共享发展离不开财税改革的有效推进。这是因为，财税改革关系到政府与市场、国家与个人、中央与地方等诸多方面利益关系调整。党的十八届三中全会提出，财政是国家治理的基础和重要支柱。推进国家治理体系和治理能力现代化，离不开财税改革这一必要前提。因此，在当前促进利益关系格局均衡和社会主义共享发展的时代背景下，财税改革的核心命题是实现民生导向的财税协调运行机制新供给，保障财政税收取之于民、用之于民，将民生改善作为国家治理现代化的落脚点，提升国家治理品质。具体而言，当前实现民生导向的财税协调运行机制新供给，要紧扣“营改增”这一

① 国家发展改革委关于全面深化价格机制改革的意见［EB/OL］. http：//www. gov. cn/xinwen/2017－11/11/content_5238855. htm.

财税改革重心进行机制设计。全面推进“营改增”是我国深化财税体制改革的重要举措。

2012年1月1日，我国首次在上海开展营业税改增值税试点；至2012年年底，国务院将“营改增”试点扩大至10省市；至2013年8月1日，“营改增”范围已推广到全国。“营改增”不仅有利于稳增长、调结构，而且减轻了企业的税负负担，使得各市场主体的“获得感”不断提升，更好地促进利益关系格局均衡和社会主义共享发展。据统计，2012～2015年，前期试点累计减税6412亿元。“营改增”试点以来，第三产业投资规模明显扩大，占全社会固定资产投资比重由2012年的52.6%提高到2015年的56.6%；第三产业增加值占GDP的比重也逐步提高，由2012年的45.5%逐年提高到2015年的50.5%①。另外，从国家税务总局给出的“减税成绩单”来看，自“营改增”2012年实施以来，截至2017年年底已累计减税近2万亿元，仅在2017年，支持大众创业、万众创新税收优惠政策减税就超过5000亿元②。

在此基础上，紧扣“营改增”这一财税改革重心，探索实现民生导向的财税协调运行机制新供给，还要从两方面发力。一方面，要进一步完善重构增值税分享机制，进一步协调好局部利益与整体利益的关系，在全面推开“营改增”进程中更加合理适度地调整增值税分享比例，进而更好提升中央与地方事权和财力的匹配度，更好发挥中央和地方两个积极性，不断提挡加速民生建设。这正如习近平所指出的，要抓住划分中央和地方事权和支出责任、完善地方税体系、增强地方发展能力、减轻企业负担等关键性问题，加快推进财税体制改革。要抓紧制订中央与地方事权和支出责任划分方案，适度加强中央事权和支出责任，把一些适宜地方政府负责的事务交给地方，减少中央和地方职责交叉、共同管理的事项。要按照分税制原则，把适合作为地方收入的税种下划给地方，税率方面可给地方适当放权③。另一方面，要建立健全“营改增”后续管理机制，协调好短期利益与长远利益的关系，更加合理

① 全面实施营改增利国利民［N］. 人民日报，2016－04－26（14）.

② 营改增累计减税近2万亿元［N］. 人民日报，2018－01－18（01）.

③ 习近平. 服务实体经济防控金融风险深化金融改革　促进经济和金融良性循环健康发展［N］. 人民日报，2017－07－16（01）.

有效地用短期财政收入的“减”换取持续发展势能的“增”，提高劳动就业和居民收入，充分发挥“营改增”政策的惠民效应。落到实处，就是要帮助微观主体的企业降低成本。要通过建立健全“营改增”后续管理机制，降低企业税费负担，使得财税协调运行机制新供给能够有效参与到降低实体经济企业成本的行动中，成为企业减负“组合拳”中的坚实组成。特别是借助“营改增”后续管理机制，巩固企业减负成效，为进一步正税清费以及营造公平的税负环境提供机制保障。

3. 实施普惠金融扶贫机制新供给

金融改革一直是经济体制改革的重要组成部分。金融对实体经济和社会结构不断嵌入和融合，使得金融改革势必牵涉利益格局的深刻变动。在当前利益失衡亟待纠偏的背景下，金融改革要敢于突破利益固化的藩篱，补足金融结构性短板，实现利益下沉，以金融反贫困，促进全社会利益格局良性调整，从而助推社会主义共享发展。在 2017 年 7 月召开的全国金融工作会议上，习近平强调，“金融是国家重要的核心竞争力，金融安全是国家安全的重要组成部分，金融制度是经济社会发展中重要的基础性制度”①。同时，习近平专门指出，“要建设普惠金融体系，加强对小微企业、‘三农’和偏远地区的金融服务，推进金融精准扶贫，鼓励发展绿色金融”②。作为金融领域的重要发展，普惠金融是指立足机会平等要求和商业可持续原则，以可负担的成本为有金融服务需求的社会各阶层和群体提供适当、有效的金融服务。当前我国普惠金融重点服务对象，是小微企业、农民、城镇低收入人群、贫困人群和残疾人、老年人等特殊群体③。可以说，大力发展普惠金融，实施普惠金融扶贫机制新供给，不仅是促进金融业可持续均衡发展的重要途径，而且是推进新时代社会主义共享发展的必然要求。

从这一角度来看，未来金融改革应以大力发展普惠金融为契机，积极构建普惠金融扶贫机制，推进金融扶贫工作，从而为打赢脱贫攻坚战提供坚实

---

①② 习近平. 服务实体经济防控金融风险深化金融改革　促进经济和金融良性循环健康发展 [N]. 人民日报，2017 - 07 - 16 (01).

③ 国务院关于印发推进普惠金融发展规划（2016—2020 年）的通知 [EB/OL]. http: //www. gov. cn/zhengce/content/2016 - 01/15/content_10602. htm.

支撑。阿马蒂亚·森曾指出，贫困必须被视为基本可行能力的被剥夺，而不仅仅是收入低下[①]。因此，普惠金融扶贫机制的要义在于帮助贫困地区和贫困人口摆脱自身基本可行能力的匮乏，获得自我发展的能力。具体而言，一方面，要建立健全普惠金融扶贫长效机制，探索设立普惠金融扶贫基金，引导商业性、政策性、开发性、合作性等各类金融机构加快贫困地区网点布局，向贫困人口实施特惠金融政策，增强贫困地区和贫困群体金融服务的可获得性。另一方面，要建立健全普惠金融扶贫协同机制，加强金融机构与扶贫工作职能部门的协同合作，在政策制定、资源布局、创新发展等方面实现各部门的协调联动，为金融扶贫的有效推进提供可靠保证。

4. 实现社会保障长效机制新供给

社会保障一直是基本民生的“安全网”和利益格局的“稳定器”，对推进社会主义共享发展有着重要意义。但是，由于传统的体制性障碍犹存、渐进改革的历史局限、利益失衡格局的形成以及牵一发而动全身的复杂社会生态，我国现行社会保障制度客观上存在着目标缺失、制度分割、权益不公、效率偏低等不足[②]。这些不足阻碍了社会保障的长效发挥，并使得社会保障在弥补市场机制、维护社会公平正义和利益格局均衡稳定、推进社会主义共享发展等方面还存有巨大空间。与此同时，社会保障长效机制新供给是社会保障体系建设的重要内容，要充分体现民生改善的鲜明导向。对此，党的十九大报告确立了以人民为中心的发展思想，使得社会保障体系建设的追求目标要更加坚定以人民为中心。正如郑功成教授所强调的，这是贯穿党的十九大的一条主线，它既是习近平新时代中国特色社会主义思想的灵魂，也是新时代主导国家发展的核心价值导向，并具体体现在坚持和发展中国特色社会主义的基本方略中[③]。

社会保障长效机制新供给就是要更好地实现社会政策的托底功能，就是要守住民生底线，这也正是基本民生的“安全网”和利益格局的“稳定器”

---

① 阿马蒂亚·森．以自由看待发展［M］．北京：中国人民大学出版社，2002：85.

② 郑功成．中国社会保障发展报告（2016）［M］．北京：人民出版社，2016：23.

③ 郑功成．全面理解党的十九大报告与中国特色社会保障体系建设［J］．国家行政学院学报，2017（6）：8－17，160.

的要义所在。习近平同志指出，“要从思想、资金、物资等方面做好准备和预案，坚决守住社会稳定底线”。而且，“党和国家就是为人民谋利益的，应该更好统一认识，在社会政策上把握好基调”。在供给侧结构性改革的过程中，不免会出现新时期的“改革阵痛”，不免会使得部分劳动者面临着下岗失业、收入降低等困境。在此背景下，社会保障对深化改革而言有着重要作用。对此，习近平强调，“要更好发挥社会保障的社会稳定器作用，把重点放在兜底上，保障群众基本生活，保障基本公共服务。要增加失业救助、最低生活保障等方面的财政资金，做好符合实际、有所区别、分行业分地区的可行预案”①。

在此背景下，推进当前社保改革，迫切要求实现社会保障长效机制新供给，提升社会保障能力。党的十八届三中全会提出“建立更加公平可持续的社会保障制度”，已经深刻点出社会保障的长效性内涵，即兼顾社会保障效果的公平性和社会保障发展的可持续性。因此，实现社会保障长效机制新供给，一方面，要以现行社会保障制度所存在的问题为导向，在教育、医疗、社会保障、就业、住房保障等领域进一步完善社会保障决策、监管与运行机制，实现基本公共服务均等化和社会保障并轨，增强社会保障效果的公平性；另一方面，要结合国有企业改革层面的新机制供给，积极探索充实社保的国资划转机制，规范划转部分国有资本以充实社保基金，以及进一步健全养老金投资运营机制，增强社会保障发展的可持续性。在此基础上，密织基本民生“安全网”，加固利益格局“稳定器”，为推进社会主义共享发展提供重要保障。

10.4　本章小结

在利益层面，只有坚持基本经济制度、巩固公有制主体地位，才能保证我国利益关系格局的可控性，才能防止非对抗性的利益关系向对抗性的利益

---

①　中央经济工作会议在北京举行　习近平李克强作重要讲话　张德江俞正声刘云山王岐山张高丽出席会议［N］. 人民日报，2015－12－22（01）.

关系演变，才能保障利益共建共享。一旦离开这一制度前设，社会主义共享发展就无法实现。资本主义国家早已意识到市场自发调节的局限，并一再通过分配层面的干预来缓解利益关系的矛盾和冲突。但是，只要资本主义的基本矛盾依旧存在，资本主义利益关系的对抗性就无法消除。坚持社会主义初级阶段基本经济制度，坚持和巩固公有制主体地位，是促进利益关系格局均衡和社会主义共享发展的制度前设。公有经济特别是国有经济不仅要主导国家安全和国民经济命脉的领域，还要在关系到人民群众切身利益的各民生领域发挥应有的作用。只有这样，利益关系格局均衡和社会主义共享才能够获得有力的制度支撑。在当前发展混合所有制经济的背景下，要将“发展混合所有制经济”与“推进国有资本做强做优做大”相统一，坚持和完善社会主义初级阶段基本经济制度，坚持和巩固公有制主体地位，进而进一步强化推进新时代社会主义共享发展的基本前设和根本保障。

同时，推进社会主义共享发展，要围绕以深化改革为动力，以民生改善为导向，以利益均衡为目标的主动干预来确定制度设计路径。具体而言，社会主义性质的主动干预，要在动力、导向、目标三个方面准确把握内在规定性，这决定了推进社会主义共享发展的制度设计路径。其中，主动干预的动力是进一步深化改革，即在改革中凝聚社会主义共同利益，借助多数人的社会合力来消解特殊利益的阻力，推动利益格局良性演变；主动干预的导向是民生改善，即把握符合广大群众根本利益的总体发展方向，坚定不移改善民生，不断增进人民群众获得感；主动干预的目标是在利益关系协调中形成利益格局新的稳态，实现“利益—发展”协同优化，从而更好实现利益共享与经济发展的协同并进。

另外，促进利益关系格局均衡和社会主义共享发展，提升利益共享水平和经济发展水平，要求我们在制度前设和路径择定的基础上，发展“新的应对机制”，实现利益协调机制的新供给。总体而言：

（1）实现国有企业改革层面的新机制供给，既要求实现利益“外部循环”机制新供给以发挥国有企业应有职责，又要实现利益“双向约束”机制新供给以钳制国有企业特殊利益。

（2）实现政府职能转变层面的新机制供给，既要求实现政府权力清单运行机制新供给以规范政府职能定位，又要实现政府纠错问责机制新供给以解决政府职能缺位失位问题。

（3）实现基础性改革层面的新机制供给，即实现价格调控监管机制新供给以解决价格失序问题，实现财税协调运行机制新供给以提升国家治理品质，实施普惠金融扶贫机制新供给以助力脱贫攻坚战役，实现社会保障长效机制新供给以提升社会保障能力。

参考文献

［1］埃尔斯特．分析的马克思主义［J］．经济社会体制比较，1988（5）：60-64.

［2］艾伯特·赫希曼．欲望与利益——资本主义走向胜利前的政治争论［M］．上海：上海文艺出版社，2003.

［3］艾思奇．辩证唯物主义历史唯物主义［M］．北京：人民出版社，1978.

［4］安东尼·吉登斯．现代性的后果［M］．南京：译林出版社，2011.

［5］蔡跃洲，付一夫．全要素生产率增长中的技术效应与结构效应——基于中国宏观和产业数据的测算及分解［J］．经济研究，2017，52（1）：72-88.

［6］常庆欣，张旭，谢文心．共享经济的实质——基于马克思主义政治经济学视角的分析［J］．马克思主义研究，2018（12）：53-64，161-162.

［7］陈力丹：马克思、恩格斯论交往的认同心理［J］．新闻与传播研究，1990（1）：15-30.

［8］陈学明，姜国敏．论政治经济学在马克思主义中的地位［J］．江海学刊，2016（2）：5-14，238.

［9］陈云文集（第一卷）［M］．北京：人民出版社，2005.

［10］陈云文选（第一卷）［M］．北京：人民出版社，1995.

［11］程恩富．论文化与市场经济的共生互动效应［J］．复旦学报（社会科学版），1994（3）：23-27.

［12］程恩富．论新常态下的五大发展理念［J］．南京财经大学学报，2016（1）：1-7，108.

[13] 程恩富．马克思主义政治经济学理论体系多样化创新的原则和思路[J]．中国社会科学，2016 (11)：42 -48.

[14] 程恩富．现代马克思主义政治经济学的四大理论假设 [J]．中国社会科学，2007 (1)：16 -29，205.

[15] 程恩富．要坚持中国特色社会主义政治经济学的八个重大原则[J]．经济纵横，2016 (3)：1 -6.

[16] 程恩富，张杨．新形势下土地流转促进“第二次飞跃”的有效路径研究 [J]．当代经济研究，2017 (10)：55 -61，97.

[17] 辞源（第2册）[M]．北京：商务印书馆，1980.

[18] 崔海教，苗遂奇，冯静，王仁锋．非公企业党建重在心中有党——关于当前非公企业党建工作的调研报告 [J]．党建，2018 (9)：47 -49.

[19] 大卫·哈维．新自由主义简史 [M]．上海：上海译文出版社，2016.

[20] 大卫·科兹．马克思主义政治经济学的历史及未来展望 [J]．学术月刊，2011，43 (7)：69 -71.

[21] 戴维·米勒，韦农·波格丹诺．布莱克维尔政治学百科全书 [M]．北京：中国政法大学出版社，1992.

[22] 邓小平年谱（1975—1997）（下）[M]．北京：中央文献出版社，2004.

[23] 邓小平文选（第二卷）[M]．北京：人民出版社，1994.

[24] 邓小平文选（第三卷）[M]．北京：人民出版社，1983.

[25] 第一次全国水利普查水土保持情况公报 [J]．中国水土保持，2013 (10)：2 -3，11.

[26] 丁堡骏，高冠中．论马克思主义政治经济学对中国改革的现实指导意义 [J]．马克思主义研究，2015 (8)：25 -34.

[27] 丁堡骏．国有企业如何实现浴火重生 [J]．红旗文稿，2014 (20)：19 -21.

[28] 恩格斯．反杜林论 [M]．北京：人民出版社，1999.

[29] 恩格斯．自然辩证法 [M]．北京：人民出版社，1959.

[30] 冯友兰. 中国哲学史新编（第1册）[M]. 北京：人民出版社，1982.

[31] 冯志轩. 国民收入中劳动报酬占比测算理论基础和方法的讨论——基于马克思主义经济学的方法 [J]. 经济学家，2012 (3)：5-13.

[32] 弗洛姆. 人的呼唤 [M]. 上海：上海三联书店，1991.

[33] G. 萨尔文迪. 现代管理工程手册（上）[M]. 上海：机械工业出版社，1987.

[34] 高良谋，胡国栋. 模块化生产网络中的劳资关系嬗变：层级分化与协同治理 [J]. 中国工业经济，2012 (10).

[35] 顾海良. 开拓当代中国马克思主义政治经济学的新境界 [J]. 经济研究，2016，51 (1)：4-11.

[36] 顾海良. "马克思主义基本原理概论"课程建设的新境域 [J]. 思想理论教育导刊，2014 (11).

[37] 顾海良. 新发展理念的马克思主义政治经济学探讨 [J]. 马克思主义与现实，2016 (1)：1-7.

[38] 顾海良. 新发展理念与当代中国马克思主义"系统化的经济学说"的发展 [J]. 经济学家，2016 (3)：5-7.

[39] 国家统计局. 中华人民共和国2017年国民经济和社会发展统计公报 [N]. 人民日报，2018-03-01.

[40] 海尔布隆纳. 马克思主义：赞成与反对 [M]. 北京：东方出版社，2016.

[41] 韩文龙，祝顺莲. 新时代共同富裕的理论发展与实现路径 [J]. 马克思主义与现实，2018 (5)：31-37.

[42] 韩喜平，孙贺. 共享发展理念的民生价值 [J]. 红旗文稿，2016 (2)：15-18.

[43] 何自力，乔晓楠. 建设现代化经济体系，增强我国经济创新力和竞争力 [J]. 马克思主义研究，2017 (12)：22-25.

[44] 河南省委组织部省国资委联合调研组. 打赢生存保卫战的坚强政治保证——安钢集团"四个三"党建工作做法调查 [J]. 冶金企业文化，2016

(2): 10-11.

[45] 赫希曼. 转变参与: 私人利益与公共行为 [M]. 上海: 上海人民出版社, 2008.

[46] 亨廷顿. 文明的冲突与世界秩序的重建 [M]. 北京: 新华出版社, 1998.

[47] 洪银兴. 以创新的理论构建中国特色社会主义政治经济学的理论体系 [J]. 经济研究, 2016, 51 (4): 4-13.

[48] 洪远朋. 社会利益关系演进论 [M]. 上海: 复旦大学出版社, 2006.

[49] 侯为民. 立足完善基本经济制度实现共享发展 [J]. 思想理论教育导刊, 2016 (3): 69-73.

[50] 侯为民. 五大发展理念的历史逻辑与实践价值 [J]. 桂海论丛, 2016, 32 (3): 4-10.

[51] 侯为民. 学界研讨外国经济学说与经济发展新常态 [N]. 光明日报, 2014-12-10.

[52] 胡乐明. 如何建设现代化经济体系 [J]. 人民论坛, 2018 (5): 68-69.

[53] 黄俊毅. 7017万贫困人口将在6年内脱贫 [N]. 经济日报, 2015-10-13.

[54] 黄群慧. 论中国工业的供给侧结构性改革 [J]. 中国工业经济, 2016 (9): 5-23.

[55] 黄群慧. 浅论建设现代化经济体系 [J]. 经济与管理, 2018, 32 (1): 1-5.

[56] 霍恩比. 牛津高阶英汉双语词典 [M]. 北京: 商务印书馆, 2009.

[57] 基尼系数的警示 [N]. 光明日报, 2014-07-31.

[58] 加尔布雷思. 加尔布雷斯文集 [M]. 上海: 上海财经大学出版社, 2006.

[59] 简新华. 发展观的演进与新发展理念 [J]. 当代经济研究, 2017 (9): 22-31, 97.

[60] 简新华. 发展和运用中国特色社会主义政治经济学引领经济新常态[J]. 经济研究，2016，51（3）：21-25.

[61] 蒋学模. 马克思主义政治经济学的与时俱进——正确认识和对待《资本论》理论体系[J]. 学术月刊，2003（7）：45-50.

[62] 蒋学模. 社会主义经济中的资本范畴和剩余价值范畴[J]. 经济研究，1994（10）：54-58.

[63] 蒋一苇. 蒋一苇文集（第二卷）[M]. 北京：经济管理出版社，2013.

[64] 蒋一苇. 经济民主论[J]. 中国社会科学，1989（1）：9-22.

[65] 蒋一苇. 企业本位论[J]. 中国社会科学，1980（1）：21-36.

[66] 金碚. 稳中求进的中国工业经济[J]. 中国工业经济，2013（8）：5-17.

[67] 决胜全面建成小康社会 夺取新时代中国特色社会主义伟大胜利[M]. 北京：人民出版社，2017.

[68] 孔田平. 法国“黄背心”运动挑战马克龙新政[N]. 中国社会科学报，2019-01-17（03）.

[69] 雷毅. 论人工物的社会化[J]. 晋阳学刊，2005（6）：62-65.

[70] 李炳炎，徐雷. 共享发展理念与中国特色社会主义分享经济理论[J]. 学习论坛，2017，33（6）：28-33.

[71] 李翀. 论社会分工、企业分工和企业网络分工——对分工的再认识[J]. 当代经济研究，2005（2）：17-22.

[72] 李稻葵，刘霖林，王红领. GDP中劳动份额演变的U型规律[J]. 经济研究，2009，44（1）：70-82.

[73] 李进书. 西方马克思主义的审美现代性与续写现代性[M]. 北京：人民出版社，2011.

[74] 李利剑. 实行“四个三”党建工作法 为安钢转型发展提供坚强动力保证[J]. 决策探索，2017（8）：4-5.

[75] 李巍. 改革才能突破体制的极限[N]. 学习时报，2013-09-23.

[76] 李伟. 在世界格局变动中把握中国经济新常态[J]. 求是，2015

(18): 27-30.

[77] 李怡乐，孟捷. 中国劳动力商品化程度的变动及其对劳动者报酬的影响 [J]. 经济学家，2014 (12): 21-32.

[78] 李怡乐. 中国最低工资增长及其就业效应的马克思主义经济学解析 [J]. 当代经济研究，2018 (7): 47-57.

[79] 李子联. 分配与增长：一个马克思主义经济学的分析 [J]. 马克思主义研究，2015 (4): 48-57.

[80] 理查德·斯威德伯格. 作为一个社会科学概念的利益 [J]. 国外理论动态，2013 (8): 46-56.

[81] 列宁全集（第34卷）[M]. 北京：人民出版社，1985.

[82] 刘凤义，李臻. 共享发展的政治经济学解读 [J]. 中国特色社会主义研究，2016 (2): 27-32.

[83] 刘凤义. 中国特色社会主义政治经济学原则与供给侧结构性改革指向 [J]. 政治经济学评论，2016, 7 (2): 211-214.

[84] 刘刚. 工资增速超过劳动生产率的政治经济学解读——基于知识产权优势视角 [J]. 马克思主义研究，2016 (10): 75-85.

[85] 刘国光. 改革稳定发展：稳中求进的改革与发展战略 [M]. 北京：经济管理出版社，1991.

[86] 刘国光. 稳中求进的改革思路——在一次研讨会上的发言 [J]. 财贸经济，1988 (3): 1-6.

[87] 刘仁胜. 生态马克思主义概论 [M]. 北京：中央编译出版社，2007.

[88] 刘世铨. 西欧哲学史讲话 [M]. 北京：人民出版社，1974.

[89] 刘伟. 建设现代化经济体系为什么要以供给侧结构性改革为主线? [J]. 政治经济学评论，2018, 9 (1): 6-11.

[90] 刘伟. 现代化经济体系是发展、改革、开放的有机统一 [J]. 经济研究，2017, 52 (11): 6-8.

[91] 刘伟. 在马克思主义与中国实践结合中发展中国特色社会主义政治经济学 [J]. 经济研究，2016, 51 (5): 4-13, 71.

[92] 刘筱攸．“双 11”花呗千亿信用提额背后：钱究竟从何而来?[N]．证券日报，2017－11－14（05）.

[93] 刘绪贻，杨生茂．美国通史（第 6 卷）［M］．北京：人民出版社，2002.

[94] 刘正埮等．汉语外来词词典［M］．上海：上海辞书出版社，1984.

[95] 隆国强．稳中求进 以进促稳［J］．求是，2015（9）：27－28.

[96] 鲁保林．结构性产能过剩的政治经济学分析［J］．教学与研究，2016（12）：33－40.

[97] 鲁保林，易淼．中国实体经济的现实困境和发展出路——兼论钱荒［J］．财经科学，2014（3）：70－79.

[98] 鲁特凯维奇．从弗洛伊德到海德格尔：存在精神分析评述［M］．北京：东方出版社，1989.

[99] 陆学艺，李培林，陈光金．2013 年中国社会形势分析与预测［M］．北京：社会科学文献出版社，2012.

[100] 罗伯特·L. 海尔布隆纳．马克思主义：赞成与反对［M］．北京：东方出版社，2016.

[101] 罗长远，张军．经济发展中的劳动收入占比：基于中国产业数据的实证研究［J］．中国社会科学，2009（4）：65－79，206.

[102] 马尔库塞．单向度的人：发达工业社会意识形态研究［M］．上海：上海译文出版社，1989.

[103] 马克思恩格斯全集（第 4 卷）［M］．北京：人民出版社，1958.

[104] 马克思恩格斯全集（第 46 卷）［M］．北京：人民出版社，2003.

[105] 马克思恩格斯全集（第 44 卷）［M］．北京：人民出版社，2001.

[106] 马克思恩格斯全集（第 25 卷）［M］．北京：人民出版社，1974.

[107] 马克思恩格斯全集（第 1 卷）［M］．北京：人民出版社，1956.

[108] 马克思恩格斯全集（第 19 卷）［M］．北京：人民出版社，1963.

[109] 马克思恩格斯全集（第 13 卷）［M］．北京：人民出版社，1962.

[110] 马克思恩格斯全集（第 3 卷）［M］．北京：人民出版社，2002.

[111] 马克思恩格斯全集（第 32 卷）［M］．北京：人民出版社，1998.

［112］马克思恩格斯全集（第 30 卷）［M］. 北京：人民出版社，1995.

［113］马克思恩格斯全集（第 18 卷）［M］. 北京：人民出版社，1964.

［114］马克思恩格斯全集（第 2 卷）［M］. 北京：人民出版社，1957.

［115］马克思恩格斯文集（第 2 卷）［M］. 北京：人民出版社，2009.

［116］马克思恩格斯文集（第 1 卷）［M］. 北京：人民出版社，2009.

［117］马克思恩格斯选集（第 2 卷）［M］. 北京：人民出版社，1995.

［118］马克思恩格斯选集（第 1 卷）［M］. 北京：人民出版社，1995.

［119］马克思. 1844 年经济学哲学手稿［M］. 北京：人民出版社，2000.

［120］马克思. 剩余价值学说史（第 3 卷）［M］. 北京：人民出版社，1978.

［121］马克思. 资本论（第 1 卷）［M］. 北京：人民出版社，1975.

［122］曼海姆. 意识形态与乌托邦［M］. 北京：商务印书馆，2000.

［123］毛泽东文集（第七卷）［M］. 北京：人民出版社，1999.

［124］毛泽东选集（第二卷）［M］. 北京：人民出版社，1991.

［125］毛泽东选集（第四卷）［M］. 北京：人民出版社，1991.

［126］毛泽东著作选读（甲种本）［M］. 北京：人民出版社，1965.

［127］孟捷. 对逻辑与历史相一致原则的批判性反思——以中国特色社会主义政治经济学若干争论为参照［J］. 财经问题研究，2019（1）：13－19.

［128］孟捷，李怡乐. 改革以来劳动力商品化和雇佣关系的发展——波兰尼和马克思的视角［J］. 开放时代，2013（5）：74－106.

［129］孟捷. 论中国特色社会主义政治经济学的政策—制度话语和学术—理论话语的相互关系［J］. 西部论坛，2018（5）：1－5.

［130］孟捷. 马克思主义经济学范式中的生产方式与资源配置方式［J］. 教学与研究，2000（6）：22－29.

［131］米歇尔·渥克. 灰犀牛——如何应对大概率危机［M］. 北京：中信出版集团，2017.

［132］慕阳子. "黄马甲"运动：星火何以燎原［J］. 世界知识，2019（1）：38－39.

［133］2015 年中国环境状况公报（摘录）［J］. 环境保护，2016（11）：

43 - 51.

[134] 潘亮. 马克龙妥协能否令“黄背心”收兵？ [N]. 环球时报, 2018 - 12 - 12 (02).

[135] 潘毅. 中国女工：新兴打工者主体的形成 [M]. 北京：九州出版社, 2011.

[136] 逄锦聚. 中国特色社会主义政治经济学的民族性与世界性 [J]. 经济研究, 2016, 51 (10): 4 - 11.

[137] 逄锦聚. 中国特色社会主义政治经济学论纲 [J]. 政治经济学评论, 2016, 7 (5): 89 - 110.

[138] 裴小革. 论创新驱动——马克思主义政治经济学的分析视角 [J]. 经济研究, 2016, 51 (6): 17 - 29.

[139] 乔晓楠, 郗艳萍. 人工智能与现代化经济体系建设 [J]. 经济纵横, 2018 (6): 81 - 91.

[140] 乔榛. 马克思分工理论：发展马克思主义经济学的一种范式 [J]. 经济学家, 2005 (3): 36 - 42.

[141] 邱海平. 马克思主义政治经济学对于供给侧结构性改革的现实指导意义 [J]. 红旗文稿, 2016 (3): 21 - 23.

[142] 邱海平. 中国特色社会主义政治经济学的重大现实价值 [J]. 改革, 2016 (3): 135 - 137.

[143] 全国非公有制企业党建工作会议在京召开 [N]. 人民日报, 2012 - 03 - 22 (01).

[144] 确定一九九七年经济工作总体要求和主要任务 中央经济工作会议在京召开 江泽民李鹏作重要讲话 朱镕基作总结讲话 李瑞环刘华清胡锦涛出席 [N]. 人民日报, 1996 - 12 - 25 (01).

[145] 任平, 吕鸣章. 走向共享发展：中国发展正义道路的出场逻辑 [J]. 南京社会科学, 2017 (8): 1 - 8.

[146] 任平. 论马克思主义出场学的辩证视域 [J]. 马克思主义研究, 2012 (5): 69 - 75, 146.

[147] 荣兆梓. 通往和谐之路：当代中国劳资关系研究 [M]. 北京：中

国人民大学出版社，2010.

［148］塞缪尔·亨廷顿．变动社会的政治秩序［M］．上海：上海译文出版社，1989.

［149］省委政研室联合调研组．“塘约经验”调研报告［N］．贵州日报，2017-05-18（05）.

［150］盛毅，王玉林．第二次现代化背景下的现代化经济体系建设［J］．经济体制改革，2018（1）：12-18.

［151］宋磊，孟捷．富士康现象的起源、类型与演进［J］．开放时代，2013（4）：125-136.

［152］宋磊，孙晓冬．经济民主与社会主义市场经济的政治经济学含义：基于生产方式视角的分析［J］．经济学家，2011（11）：5-12.

［153］宋涛．关于国民经济全面协调和可持续发展问题的研究［J］．教学与研究，2005（11）：18-24.

［154］孙海潮．法国“黄背心”运动反映出欧洲社会沉疴［N］．北京日报，2018-12-10（10）.

［155］孙久文，张静．长江经济带发展的时空演变与发展建议［J］．政治经济学评论，2019（1）：151-171.

［156］田国强等．警惕家庭债务危机及其可能引发的系统性金融风险［R］．上海财经大学高等研究院政策研究报告，2018（3）.

［157］田学斌．共享发展的逻辑机理和实现路径［J］．中国党政干部论坛，2017（9）：33-40.

［158］统揽全局精心部署狠抓落实团结一致艰苦奋斗开拓前进 中央经济工作会议在京召开 江泽民李鹏朱镕基作重要讲话 乔石刘华清胡锦涛尉健行李岚清出席［N］．人民日报，1997-12-12（01）.

［159］王朝科，冒佩华．改革开放以来马克思主义政治经济学话语权：历史、反思和启示［J］．毛泽东邓小平理论研究，2016（12）：37-42，89.

［160］王宏甲．塘约道路［M］．北京：人民出版社，2017.

［161］王立胜，郭冠清．论中国特色社会主义政治经济学理论来源［J］．经济学动态，2016（5）：4-13.

[162] 王立胜．中国特色社会主义政治经济学的历史逻辑［J］．政治经济学评论，2016，7（4）：51-65.

[163] 王文新．“黄背心”运动：马克龙改革的可为与不可为［N］．第一财经日报，2018-12-10（A11）.

[164] 王向阳．非公党建：经验图景、组织基础及其实践路径［J］．岭南学刊，2018（3）：74-80.

[165] 卫兴华．马克思主义政治经济学对象问题再探讨［J］．马克思主义研究，2006（1）：27-35.

[166] 魏后凯．农村绿皮书（2015—2016）［M］．北京：社会科学文献出版社，2016.

[167] 魏南枝．法国爆发“黄马甲”运动的内外部因素［J］．红旗文稿，2018（24）：30-32.

[168] 魏旭．马克思的产业升级思想及其对当代中国结构转型的指导意义［J］．毛泽东邓小平理论研究，2018（6）：40-48，107.

[169] 魏旭．马克思的政治经济学方法及其理论体系的逻辑起点［J］．经济纵横，2018（2）：10-17.

[170] 魏旭．马克思基于分工的报酬递增思想［J］．当代经济研究，2010（1）：55-59.

[171] 吴汉洪．产业组织理论［M］．北京：中国人民大学出版社，2007.

[172] 吴宣恭．马克思主义所有制理论是政治经济学分析的基础［J］．马克思主义研究，2013（7）：48-57，160.

[173] 吴宣恭．五大发展理念是社会主义基本经济规律内涵的深化拓宽和高度概括［J］．马克思主义研究，2016（8）：63-71，160.

[174] 吴学琴．挑战单向度的“意识形态”——《单向度的人》的文本解读［J］．南京社会科学，2007（10）：30-36.

[175] 郗戈．自由、平等与所有权：《资本论》与近代政治哲学传统［J］．马克思主义与现实，2015（2）：43-50.

[176] 习近平．摆脱贫困［M］．福建：福建人民出版社，1992.

[177] 习近平．干在实处走在前列——推进浙江新发展的思考与实践

[M]. 北京：中共中央党校出版社，2006.

[178] 习近平. 加大推进新形势下农村改革力度 促进农业基础稳固农民安居乐业 [N]. 人民日报，2016-04-28 (01).

[179] 习近平. 紧紧围绕坚持和发展中国特色社会主义 学习宣传贯彻党的十八大精神——在十八届中共中央政治局第一次集体学习时的讲话 [M]. 北京：人民出版社，2012.

[180] 习近平. 决胜全面建成小康社会 夺取新时代中国特色社会主义伟大胜利 [M]. 北京：人民出版社，2017.

[181] 习近平. 决胜全面建成小康社会夺取新时代中国特色社会主义伟大胜利——在中国共产党第十九次全国代表大会上的报告 [M]. 北京：人民出版社，2017.

[182] 习近平李克强俞正声分别参加全国两会一些团组审议讨论 [N]. 人民日报，2013-03-07 (01).

[183] 习近平. 谋求持久发展 共筑亚太梦想 [N]. 人民日报，2014-11-10 (02).

[184] 习近平. 社会主义市场经济和马克思主义经济学的发展与完善 [J]. 经济学动态，1998 (7)：3-6.

[185] 习近平. 深化改革发挥优势创新思路统筹兼顾 确保经济持续健康发展社会和谐稳定 [N]. 人民日报，2014-05-11 (01).

[186] 习近平. 深化改革开放，共创美好亚太 [N]. 人民日报，2013-10-08 (03).

[187] 习近平. 始终坚持和充分发挥党的独特优势 [J]. 求是，2012 (15)：3-7.

[188] 习近平谈治国理政 [M]. 北京：外文出版社，2014.

[189] 习近平谈治国理政（第二卷）[M]. 北京：外文出版社，2017.

[190] 习近平. 习近平在全国宣传思想工作会议上强调 举旗帜聚民心育新人兴文化展形象 更好完成新形势下宣传思想工作使命任务 [N]. 人民日报，2018-08-23 (01).

[191] 习近平. 在党的十八届五中全会第二次全体会议上的讲话（节选）

[J]. 求是，2016 (1)：1-8.

[192] 习近平在湖南考察时强调　深化改革开放推进创新驱动　实现全年经济社会发展目标 [N]. 人民日报，2013-11-06 (01).

[193] 习近平在辽宁考察时强调　深入实施创新驱动发展战略　为振兴老工业基地增添原动力 [N]. 人民日报，2013-09-02 (01).

[194] 习近平. 在深度贫困地区脱贫攻坚座谈会上的讲话 [M]. 北京：人民出版社，2017.

[195] 习近平. 在深入推动长江经济带发展座谈会上的讲话 [N]. 人民日报，2018-06-14 (02).

[196] 习近平在武汉召开部分省市负责人座谈会时强调　加强对改革重大问题调查研究　提高全面深化改革决策科学性 [N]. 人民日报，2013-07-25 (01).

[197] 习近平在中共中央政治局第二十八次集体学习时强调　立足我国国情和我国发展实践　发展当代中国马克思主义政治经济学 [N]. 人民日报，2015-11-25 (01).

[198] 习近平在中共中央政治局第二十次集体学习时强调　坚持运用辩证唯物主义世界观方法论　提高解决我国改革发展基本问题本领 [N]. 人民日报，2015-01-25 (01).

[199] 习近平在中共中央政治局第十一次集体学习时强调　推动全党学习和掌握历史唯物主义　更好认识规律更加能动地推进工作 [M]. 北京：人民出版社，2013.

[200] 习近平. 在中国科学院第十七次院士大会、中国工程院第十二次院士大会上的讲话 [N]. 人民日报，2014-06-10 (02).

[201] 习近平. 之江新语 [M]. 杭州：浙江人民出版社，2007.

[202] 习近平主持召开经济形势专家座谈会强调　更好认识和遵循经济发展规律　推动我国经济持续健康发展 [N]. 人民日报，2014-07-09 (01).

[203] 谢地，郁秋艳. 用马克思主义政治经济学指导供给侧结构性改革 [J]. 马克思主义与现实，2016 (1)：20-25.

［204］谢富胜，匡晓璐．中国劳动力短缺的时代真的到来了吗——基于产业后备军理论的存量和流量分析［J］．经济学家，2018（1）：12－19.

［205］谢富胜，李安．分工动态与市场规模扩展——一个马克思主义经济学的分析框架［J］．马克思主义研究，2009（9）：49－58，160.

［206］谢富胜．马克思主义经济学中生产组织及其变迁理论的演进［J］．政治经济学评论，2005（1）：88－107.

［207］谢富胜，宋宪萍．从形式隶属到实际隶属——马克思的劳动过程理论［J］．当代经济研究，2012（5）：15－21.

［208］谢富胜．资本主义劳动过程与马克思主义经济学［J］．教学与研究，2007（5）：16－23.

［209］谢宇等．中国民生发展报告（2016）［M］．北京：北京大学出版社，2017.

［210］新华社．习近平在中共中央政治局第三次集体学习时强调　深刻认识建设现代化经济体系重要性　推动我国经济发展焕发新活力迈上新台阶［N］．人民日报，2018－02－01（01）.

［211］熊彼特．资本主义、社会主义与民主［M］．北京：商务印书馆，1999.

［212］亚当·斯密．国民财富的性质和原因的研究［M］．郭大力，王亚南，译．北京：商务印书馆，2002.

［213］杨慧玲，张伟．马克思分工理论体系研究［J］．经济学家，2011（10）：14－21.

［214］杨扬．私企“传化”牵动中南海［J］．化工管理，2000（10）：1－2.

［215］杨月涵．法国财长称黄背心运动严重破坏经济［N］．北京商报，2019－02－19（08）.

［216］姚智谋，朱乾龙．企业网络分工与我国产业组织结构转型［J］．江海学刊，2011（4）：228－233.

［217］伊特韦尔．新帕尔格雷夫经济学大辞典（第1卷）［M］．北京：经济科学出版社，1996.

[218] 易淼．流域分工视角下长江经济带高质量发展初探——一个马克思主义政治经济学的解读［J］．经济学家，2019（7）：51－59.

[219] 易淼，任毅．经济利益关系失衡：理论与现实［M］．北京：经济科学出版社，2015.

[220] 易淼，任毅．稳中求进：从利益关系新平稳到经济发展新进步［J］．财经科学，2017（5）：104－112.

[221] 易淼，任毅．五大发展理念：中国特色社会主义政治经济学的重要拓展［J］．财经科学，2016（4）：50－57.

[222] 易淼．新时代中国收入分配体系建设初探——基于马克思"分工—利益—分配"的逻辑［J］．教学与研究，2018（9）：30－37.

[223] 易淼，赵磊．当前我国利益关系失衡的理性审视——基于马克思主义"共同利益—特殊利益"的矛盾分析［J］．西部论坛，2015，25（3）：32－37.

[224] 易淼，赵磊，葛浩阳．共享发展何以可能：一个劳资利益失衡纠偏的视角［J］．当代经济研究，2017（7）：85－89.

[225] 易淼，赵磊，葛浩阳．共享发展何以可能：一个劳资利益失衡纠偏的视角［J］．当代经济研究，2017（7）：85－89.

[226] 易淼，赵磊．基层党建的经济功能与共享发展的基层实践［J］．改革与战略，2019（9）：26－34.

[227] 易淼，赵磊．让利益集团理论回归马克思主义［J］．四川师范大学学报（社会科学版），2013（1）：11－17.

[228] 易淼，赵磊．我国利益失衡纠偏的制度前设、路径择定与机制供给［J］．改革与战略，2017，33（1）：16－19，43.

[229] 易淼，赵磊．我国住房问题的症结与公租房建设［J］．马克思主义研究，2012（5）：47－54.

[230] 易淼，赵磊．新时代我国社会主要矛盾转变内在动因探析——基于中国特色社会主义政治经济学利益分析方法［J］．西部论坛，2018，28（1）：1－6.

[231] 易淼，赵磊．重提马克思的利益观：内涵·方法·比较［J］．管

理学刊，2013，26（6）：10－14.

［232］易淼，赵晓磊．利益视域下的中国经济发展新常态［J］．财经科学，2015（4）：81－88.

［233］曾国屏．唯物史观视野中的产业哲学［J］．哲学研究，2006（8）：3－8，127.

［234］张车伟，赵文．中国劳动报酬份额问题——基于雇员经济与自雇经济的测算与分析［J］．中国社会科学，2015（12）：90－112.

［235］张晨．以中国特色社会主义政治经济学指导“供给侧结构性改革”［J］．政治经济学评论，2016，7（2）：214－218.

［236］张俊山．对经济高质量发展的马克思主义政治经济学解析［J］．经济纵横，2019（1）：36－44.

［237］张俊山．对新时代中国特色社会主义现代化经济体系建设的几点认识［J］．经济纵横，2018（2）：1－9.

［238］张开，崔晓雪，顾梦佳．试论社会主义市场经济内在矛盾——基于中国特色社会主义政治经济学的思考［J］．教学与研究，2018（3）：5－15.

［239］张维迎．从特权到产权［J］．中国民营科技与经济，2012（z1）：68－70.

［240］张宇．努力探索和完善中国特色社会主义政治经济学理论体系［J］．政治经济学评论，2017，8（2）：3－12.

［241］张宇．社会主义政治经济学的历史演变——兼论中国特色社会主义政治经济学的历史贡献［J］．中国特色社会主义研究，2016（1）：35－41.

［242］张卓元．稳中求进还是改中求进［J］．数量经济技术经济研究，1989（2）：23－26.

［243］赵磊．对美国次贷危机根源的反思［J］．经济学动态，2008（11）：41－46.

［244］赵磊．劳动价值论的历史使命［J］．学术月刊，2005（4）：26－33.

［245］赵磊．论当前改革中的利益失衡［J］．哲学研究，1998（11）：24－29.

［246］赵磊．马克思主义政治经济学创新与发展的方法论逻辑［J］．当

代经济研究，2018（3）：2，5－13，97.

［247］赵磊．政治与经济：中国改革的可能走向［J］．学术月刊，2012（1）：62－69.

［248］赵晓雷．中国经济思想史［M］．大连：东北财经大学出版社，2013.

［249］郑权．听厉以宁讲经济［M］．合肥：安徽人民出版社，2012：97.

［250］中共中央文献研究室编．习近平关于全面从严治党论述摘编［M］．北京：中央文献出版社，2016：138.

［251］中共中央文献研究室．邓小平年谱：1975—1997（下）［M］．北京：中央文献出版社，2007：1364.

［252］中共中央宣传部编．习近平总书记系列重要讲话读本（2016年版）［M］．北京：人民出版社，2016：282.

［253］中共中央召开党内外人士座谈会［N］．人民日报，2014－07－30.

［254］中共中央组织部等编．中国共产党组织史资料（第9卷）［M］．北京：中共党史出版社，2000.

［255］中国共产党章程［N］．人民日报，2017－10－29（01）.

［256］中国共产党中央委员会关于建国以来党的若干历史问题的决议［M］．北京：人民出版社，1981.

［257］中国社会科学院经济学科片形势分析小组．以改革促稳定在稳定中发展——90年代“稳中求进”的发展和改革的基本思路［J］．经济研究，1990（7）：3－19.

［258］中国现代化战略研究课题组等．中国现代化报告（2007）［M］．北京：北京大学出版社，2007.

［259］中华人民共和国国民经济和社会发展第十三个五年规划纲要［M］．北京：人民出版社，2016.

［260］中央经济工作会议在北京举行［N］．人民日报，2014－12－12.

［261］中央经济工作会议在北京举行 习近平李克强作重要讲话 张德江俞正声刘云山王岐山张高丽出席会议［N］．人民日报，2016－12－17.

［262］重温习近平总书记调研指导河南工作时的重要讲话精神系列述评

之二 持续打好“四张牌”［N］. 河南日报，2018－02－09（01）.

［263］周其仁. 改革的逻辑［M］. 北京：中信出版社，2013.

［264］周绍东，王立胜. 现代化经济体系：生产力、生产方式与生产关系的协同整体［J］. 中国高校社会科学，2019（1）：94－100，158.

［265］周绍东，王松.《资本论》与中国特色社会主义政治经济学：逻辑起点与体系构建［J］. 马克思主义研究，2017（5）：87－93.

［266］周文，宁殿霞. 中国特色社会主义政治经济学：渊源、发展契机与构建路径［J］. 经济研究，2018，53（12）：20－33.

［267］周小亮. 金融危机成因的马克思主义经济学分析及其现实思考［J］. 政治经济学评论，2009（1）：116－131.

［268］Frederic M. Scherer. Industrial Market Structure and Economic Performance［M］. Rand McNally College Pub，1970.

［269］OECD. OECD Economic Surveys：France 2017［M］. OECD Publishing，Paris，2017.

后　记

本书是笔者近年来深受马克思主义利益理论启发，基于中国特色社会主义政治经济学的利益分析方法集中研究共享发展理念的阶段性总结。在本书之前，笔者曾于2015年出版了《经济利益关系失衡：理论与现实》一书。如果说《经济利益关系失衡：理论与现实》一书是对改革开放以后中国经济社会利益失衡进行了破题，那么本书则是在习近平新时代中国特色社会主义思想指引下，紧扣新时代中国特色社会主义政治经济学话语体系建设与术语革命，对前书问题予以系统回应，并深入利益层面探讨何以推进社会主义共享发展。因此，近年来的主要研究以及本书的出版，都可以看作是笔者前期求学和研究心路的自然延展。对于笔者而言，这无疑是值得欣慰和庆幸的，同时也越发坚定笔者在马克思主义学术研究道路上探索的决心。

在这里，由衷感谢重庆工商大学廖元和教授和西南财经大学赵磊教授给予的谆谆教诲。两位导师是笔者的学术领路人，一直指引与鼓励笔者坚持马克思主义政治经济学学习和研究。赵磊教授对本书中的诸多篇章内容进行了细致指导，给予了许多富有启发性的建议。在本书撰写中，感谢重庆工商大学任毅教授、西南财经大学葛浩阳博士和美国亚利桑那州立大学赵晓磊同学提出了诸多建设性观点。本书的出版得到了重庆工商大学各位领导和同事的帮助和支持，在此表示深深感谢。在近年来的主要研究以及本书的撰写过程中，参考学习了诸多同行学者的优秀成果，深受启发。这些成果在本书的注释和参考文献中得到了反映，对这些文献资料的作者们一并表示由衷感谢。

本书的出版，得到了经济科学出版的大力支持，出版社的同志对本书的出版做了大量的工作，在此表示诚挚感谢。

因笔者学识所限，书中难免有纰漏之处，恳请专家和读者不吝指正！

作　者

2019年10月